PUNTOS
DE
PODER
PARA VIVIR
LA VIDA ABUNDANTE

JOHN W. STANKO

UrbanPress
INTERNACIONAL

Puntos de Poder
by John W. Stanko
Copyright © 2024 John W. Stanko

ISBN 978-1-63360-276-2

For Worldwide Distribution
Printed in the U.S.A.

Urban Press
P.O. Box 8881
Pittsburgh, PA 15221-0881
412.646.2780

CONTENIDO

INTRODUCCIÓN

Este es el tercero de mi trilogía de libros sobre las lecciones de vida de la vida de David. El primero se tituló *Entrenamiento para Reinar*, el segundo *Tu Trono: Viviendo el Propósito que Dios Tiene para Ti*, y ahora este tercero es *Puntos de Poder: para Vivir la Vida Abundante*. Durante los próximos 30 capítulos, buscaremos excavar más temas y secretos de la vida de David para ayudarte a maximizar tu propia existencia con propósito. Buscaremos en los salmos, los relatos históricos y el Nuevo Testamento para aprender más acerca de este hombre, David, de quien la Biblia tiene mucho que decir, más que cualquier otra figura bíblica. Dado que este es el tercer libro de mi serie de tres partes sobre David, he numerado consecutivamente los capítulos desde el volumen uno hasta el volumen tres.

¿Vida abundante? ¿Qué es eso exactamente? Estoy seguro de que cada uno tiene su propia definición. Para algunos, sería una familia feliz. Para otros, suficiente dinero para vivir cómodamente. Para otros, sería la oportunidad de viajar, de crear o de vivir en un área específica cerca de montañas, playas u otras expresiones de la naturaleza.

Para el cristiano, la vida abundante comienza con la entrega de la propia vida al Dador de la Vida, el Señor Jesucristo. A partir de ese punto, Él es quien define qué es la vida abundante, que por supuesto continuará sin fin, lo que se conoce como vida eterna. Tuve un profesor de seminario que solía definir la vida eterna como una cualidad de vida tan buena y pura que nada puede terminarla o detenerla. ¡Eso sí que me suena a vida abundante!

Sin embargo, ¿cómo es esa vida abundante o eterna? ¿Es cantar canciones de adoración? ¿Es simplemente una existencia sin dolor ni sufrimiento? Si estás familiarizado con el trabajo de mi vida, sabes que la vida abundante implica conocer y hacer la voluntad de Dios según lo definido por el propósito de vida de uno. ¿Por qué hago esa afirmación? Porque tu propósito es una declaración simple pero directa de la voluntad de Dios para tu vida. Y cuando haces la voluntad de Dios, tienes gozo, que sabemos que es la fuente de fortaleza y vida para ti. Por lo tanto, la vida abundante consiste en expresar el propósito asignado por Dios para ti tan a menudo como sea posible. Pero no confíes en mi palabra, veamos lo que dice la Biblia antes de entrar en nuestro estudio de cómo David vivió la vida abundante que estamos discutiendo. Agradezco a nuestros amigos del sitio "Got Questions: Your Questions, Biblical Answers" en (https://www. gotquestions.org/abundant-life.html) por un excelente resumen del concepto de vida abundante.

> Jesús dijo en Juan 10:10: "El ladrón no viene más que a robar, matar y destruir; yo he venido para que tengan vida y la tengan en abundancia" (NVI). A diferencia de un ladrón, el Señor Jesús no vino por razones egoístas. Viene a dar, no a recibir. Esta palabra *abundante* en el griego es *perisson*, que significa "excesivamente, muy altamente, más allá de toda medida, más, superflua, una cantidad tan abundante que es considerablemente más de lo que uno esperaría o anticiparía".

En resumen, Jesús nos promete una vida mucho mejor de lo que podríamos imaginar, un concepto que recuerda a 1 Corintios 2:9: "A eso se refieren las Escrituras cuando dicen: "Ningún ojo ha visto, ningún oído ha escuchado,

ninguna mente ha imaginado lo que Dios tiene preparado para quienes lo aman". El apóstol Pablo informó que Dios es poderoso para hacer abundantemente más de lo que pedimos o pensamos, lo cual hace por Su poder, un poder que está obrando dentro de nosotros si le pertenecemos (véase Efesios 3:20).

Antes de que comencemos a tener visiones de casas lujosas, autos caros, cruceros por todo el mundo y más dinero del que pudiéramos gastar, debemos hacer una pausa y pensar en lo que Jesús enseña con respecto a esta vida abundante. La Biblia nos dice que la riqueza, el prestigio, la posición y el poder en este mundo no son las prioridades de Dios para nosotros (1 Corintios 1:26-29). La vida abundante no consiste en una abundancia de cosas materiales. Si ese hubiera sido el caso, Jesús habría sido el más rico de los hombres, pero es todo lo contrario (ver Mateo 8:20).

La vida abundante es vida eterna, una vida que comienza en el momento en que venimos a Cristo y lo recibimos como Salvador, y continúa por toda la eternidad. La definición bíblica de la vida, específicamente la vida eterna, es proporcionada por Jesús mismo: "Y la manera de tener vida eterna es conocerte a ti, el único Dios verdadero, y a Jesucristo, a quien tú enviaste a la tierra." (Juan 17:3). Esta definición no menciona la duración de los días, la salud, la prosperidad, la familia o la ocupación. De hecho, lo único que menciona es el conocimiento de Dios, que es la clave para una vida verdaderamente abundante.

¿Qué es la vida abundante? Primero, la abundancia es abundancia espiritual, no material. De hecho, Dios no se preocupa demasiado por las circunstancias físicas de nuestras vidas. Él nos asegura que no tenemos que preocuparnos por lo que comeremos o vestiremos (Mateo 6:25-32; Filipenses 4:19). Las bendiciones físicas pueden o no ser parte de una vida centrada en Dios; ni nuestra riqueza ni nuestra pobreza son una indicación segura de nuestra posición ante Dios. Salomón tenía todas las bendiciones materiales disponibles para un hombre, pero encontró que todo no tenía sentido (Eclesiastés 5:10-15). Pablo, por otro lado, estaba contento en cualquier circunstancia física en la que se encontrara (Filipenses 4:11-12).

En segundo lugar, la vida eterna, la vida que realmente interesa a un cristiano, no está determinada por la duración, sino por una relación con Dios. Esta es la razón por la cual, una vez que nos convertimos y recibimos el don del Espíritu Santo, se dice que ya tenemos vida eterna (1 Juan 5:11-13), aunque no, por supuesto, en su plenitud. La duración de la vida en la tierra no es sinónimo de vida abundante.

Finalmente, la vida de un cristiano gira en torno a "crecer en la gracia y en el conocimiento de nuestro Señor y Salvador

Jesucristo" (2 Pedro 3:18). Esto nos enseña que la vida abundante es un proceso
continuo de aprendizaje, práctica y ma-
duración, así como de fracaso, recupera-
ción, ajuste, perseverancia y superación,
porque, en nuestro estado actual, "no
vemos más que un pobre reflejo como
en un espejo" (1 Corintios 13:12). Un día
veremos a Dios cara a cara, y lo cono-
ceremos completamente como seremos
conocidos completamente (1 Corintios
13:12). Ya no lucharemos con el pecado
y la duda. Esta será la vida abundante finalmente cumplida.

Aunque naturalmente estamos deseosos
de las cosas materiales, como cristianos
nuestra perspectiva de la vida debe ser
revolucionada (Romanos 12:2). Así como
nos convertimos en nuevas criaturas
cuando venimos a Cristo (2 Corintios
5:17), así también nuestra comprensión
de la "abundancia" debe ser transforma-
da. La verdadera vida abundante consiste en abundancia de amor, gozo, paz y el
resto de los frutos del Espíritu (Gálatas
5:22-23), no en abundancia de "cosas".
Consiste en la vida que es eterna y, por
lo tanto, nuestro interés está en lo eterno,
no en lo temporal. Pablo nos advierte:
"Poned la mira en las cosas de arriba, no
en las terrenales. Porque vosotros habéis
muerto, y vuestra vida está ahora es-
condida con Cristo en Dios" (Colosenses
3:2-3).

Esa descripción, quien sea que la haya escrito,
es la mejor que he podido encontrar y no hay mucho
que pueda o deba agregarle. Sin embargo, permíte-
me compartir contigo lo que pueden esperar en las

próximas páginas a medida que continuamos nuestro estudio, no tanto de lo que es la vida abundante, sino más bien de cómo aferrarse a ella.

DISEÑO DE CAPITULOS

El formato de cada capítulo sigue el patrón establecido en los dos libros anteriores. Cada capítulo es deliberadamente corto para que sean fáciles de leer. La mayoría de ellos tienen preguntas en negrita para ayudarlo a pensar y aplicar el material que se está discutiendo. Luego hay un resumen de cada capítulo que llamo Puntos de Poder *para vivir*. Cada uno está en una presentación de Punto de Poder real y luego hay un resumen de todos los Puntos de Poder al final del libro junto con un Apéndice de más versículos de las Escrituras que hablan sobre la vida y la vida abundante.

Ahí tienes mi razón para escribir este libro junto con cómo puedes sacarle el máximo provecho. Ruego que el Señor abra tus ojos para que veas la vida que es tuya y que elimines todo obstáculo e impedimento para entrar en la plenitud de la vida que Dios tiene para ti.

John W. Stanko
Pittsburgh, Pensilvania, Estados Unidos
Diciembre 2023

Traducido por
Yair Herrera F
Barranquilla, Colombia
Julio 2024

ESTUDIO 54

UNA NACIÓN DE SACERDOTES

Entonces, ¿por dónde deberíamos empezar este estudio? ¿Qué hay por descubrir que no hayamos explorado en los dos primeros volúmenes de esta serie? Comencemos por volver a donde lo dejamos en el último libro *(Tu Trono)* y eso sería 2 Samuel 23. Si tú estás listo para empezar, yo también.

APERCIBIDO

David tuvo muchos papeles. Era un rey, un guerrero, un general, un salmista, un padre, un esposo y un amigo. Sin embargo, tuvo otro papel importante en la historia del pueblo de Dios a medida que se desarrollaba a lo largo del Antiguo Testamento hacia el Nuevo. Leemos en 2 Samuel 23:2-4,

> "El Espíritu de Jehová ha hablado por mí, y su palabra ha estado en mi lengua. El Dios de Israel ha dicho, Me habló la Roca de Israel: Habrá un justo que gobierne entre los hombres, Que gobierne en el temor de Dios. Será como la luz de la mañana, Como el resplandor del sol en una mañana sin nubes, Como la lluvia que hace brotar la hierba de la tierra".

Además de todos sus otros roles, David fue un profeta y estas son sus últimas palabras registradas, que indicaron que sabía que era un profeta. Él era consciente de que Dios estaba hablando a través de él. ¿Cómo lo supo? Primero, tenía fe en que Dios estaba con él en lo que decía y escribía. En segundo lugar, tenía experiencia que proporcionaba pruebas que había escuchado. Tercero, otros probablemente le dijeron que testificaron que lo que dijo o escribió fue del Señor. Sin embargo, David sabía que estaba escuchando al Señor y trató su visión en consecuencia. Aceptó su asignación profética.

APLICACIÓN PERSONAL

David no solo compartió la visión que Dios le dio como portavoz y autor de Dios, sino que también aplicó lo que escuchó. En 2 Samuel 23, leemos lo que Dios le mostró a David sobre el buen liderazgo: "los líderes son como la luz de una mañana sin nubes al amanecer, como el resplandor después de la lluvia". No solo era un símil elocuente y hermoso, sino que era una verdad poderosa que David intentó vivir. Debe haber tenido éxito porque a pesar de que su gobierno tuvo su parte de fracasos, la gente parecía amarlo y apreciarlo a pesar de sus imperfecciones. David fue un profeta para el pueblo, pero luego supo que las palabras que recibió también eran para su propio bien para prestar atención y aplicarlas.

Ahora eres parte de una nación santa de sacerdotes y reyes si has puesto tu fe en Cristo. Dios se está revelando a ti, no sólo para tu propio beneficio, sino para el de los demás. Se te dirige a desplegar tus dones espirituales en beneficio de los demás con el amor como el motivo subyacente. Debes ser una bendición, "como una luz brillante en una mañana sin nubes", dondequiera que Dios elija colocarte. Si estás dispuesto a hacer eso, entonces serás una poderosa influencia sin importar dónde te haga servir el trono de tu vida.

PUNTO DE PODER PARA VIVIR #1

PREPARATE PARA COMPARTIR QUIEN ERES Y LO QUE ESTAS APRENDIENDO MIENTRAS TRABAJAS DILIGENTEMENTE PARA APLICAR LO QUE ESCUCHAS A TU PROPIA VIDA Y TRABAJO.

ESTUDIO 55

SOCIOS Y AMIGOS

En el primer capítulo, comenzamos esta tercera serie examinando la vida de David para buscar lecciones que te ayuden a ocupar y mantener el lugar que Dios te ha asignado. Este libro se titula *Puntos de Poder para vivir la vida abundante* y busca identificar los caminos a los que David se refirió en uno de sus salmos:

> Se alegró por tanto mi corazón, y se gozó mi alma; Mi carne también reposará confiadamente; Porque no dejarás mi alma en el Seol, Ni permitirás que tu santo vea corrupción. Me mostrarás la senda de la vida; En tu presencia hay plenitud de gozo; Delicias a tu diestra para siempre (Salmo 16:9-11).

En nuestro primer estudio, vimos que David sabía que Dios estaba hablando a y a través de él y señaló que ahora también puedes estar seguro de que Dios está contigo, obrando y revelándose a través de ti. Sigamos considerando las implicaciones de esta importante verdad.

SIERVO DE DIOS

En el día de Pentecostés, Pedro predicó un

mensaje y vio a miles de personas responder a su contenido. En él, dijo:

> "Varones hermanos, se os puede decir libremente del patriarca David, que murió y fue sepultado, y su sepulcro está con nosotros hasta el día de hoy. Pero siendo profeta, y sabiendo que con juramento Dios le había jurado que de su descendencia, en cuanto a la carne, levantaría al Cristo para que se sentase en su trono, viéndolo antes, habló de la resurrección de Cristo, que su alma no fue dejada en el Hades, ni su carne vio corrupción. A este Jesús resucitó Dios, de lo cual todos nosotros somos testigos" (Hechos 2:29-32).

Pedro reconoció que David era un profeta y luego citó tres pasajes y profecías del Antiguo Testamento que pertenecían al Mesías, de los cuales el Salmo 16 anterior es uno. Sin embargo, note la mezcla de la profecía de David. Con eso, quiero decir que a veces estaba hablando de sí mismo y otras veces estaba profetizando acerca del Cristo: "no me abandonarás al reino de los muertos (personal), ni dejarás que tu santo vea la decadencia (mesiánica)". Ese modelo refleja tu caminar con el Señor. Es una asociación donde Dios te está dando una visión de ti mismo y de sí mismo. Él no está amenazado ni vacilante en invertir en Su pueblo para que Sus intereses estén entrelazados con los de ellos y ahora con los tuyos.

Digo esto porque algunos tienen una mentalidad de siervo perpetuo de que harán lo que Dios quiera que hagan, lo cual es encomiable y necesario. Sin embargo, nunca pasan de esa etapa de siervo a la etapa de amistad / asociación como Jesús anunció a sus discípulos:

> "Este es mi mandamiento: Que os améis unos a otros, como yo os he amado. Nadie

tiene mayor amor que este, que uno ponga su vida por sus amigos. Vosotros sois mis amigos, si hacéis lo que yo os mando. Ya no os llamaré siervos, porque el siervo no sabe lo que hace su señor; pero os he llamado amigos, porque todas las cosas que oí de mi Padre, os las he dado a conocer. No me elegisteis vosotros a mí, sino que yo os elegí a vosotros, y os he puesto para que vayáis y llevéis fruto, y vuestro fruto permanezca; para que todo lo que pidiereis al Padre en mi nombre, él os lo dé. Esto os mando: Que os améis unos a otros" (Juan 15:12-17).

AMIGO DE DIOS

¿Qué nos enseña esto acerca de nuestra relación con el Señor? Primero, estamos en asociación con Dios. Lo llevamos a donde Él necesita ir y Él nos guía a donde necesitamos estar. Él nos habla para que pueda hablar a través de nosotros a los demás. Aunque Él ciertamente dirige nuestros pasos, hay momentos en que nos pregunta: "¿Qué quieres hacer con esta situación u oportunidad?" Entonces podemos pedir sabiduría y Él nos dará su opinión, pero todavía depende de nosotros tomar la decisión de qué hacer o hasta dónde llegar, o como Lucas escribió en Hechos: "Después que Pablo hubo visto la visión, nos preparamos de inmediato para partir para Macedonia, concluyendo que Dios nos había llamado a predicarles el evangelio" (Hechos 16:10). Pablo y su equipo examinaron la evidencia y llegaron a la conclusión de que Dios quería que fueran a Macedonia. Además, Jesús parecía darnos mucho margen de maniobra en la forma en que oramos, prometiendo darnos todo lo que pidamos, siempre y cuando contribuya a que demos fruto.

¿Qué evidencia necesitas examinar en cuanto a lo que Dios tiene para ti? Entonces, ¿qué te está mostrando Dios acerca de sí mismo en esa evidencia? ¿Sobre ti y tu propósito? ¿Qué te hace llorar? ¿Risa? ¿Qué harás gratis porque te encanta hacerlo? ¿Dónde quiere Dios usar sus intereses y curiosidades para hacer una diferencia en su mundo y ministerio? ¿Qué dice eso acerca de la voluntad de Dios para tu vida?

Al buscar ser el siervo, compañero y amigo de Dios, esté en paz de que Dios está trabajando con usted y en usted y se siente cómodo con usted expresando quién es usted en situaciones en las que Él lo guía. Si Dios se siente cómodo siendo tu compañero, ¿no deberías estarlo tú también?

PUNTO DE PODER PARA VIVIR #2

SE QUIEN DIOS TE
HIZO SER, USANDO
TODOS TUS DONES
Y HABILIDADES DE
RAZONAMIENTO PARA
APRENDER MAS SOBRE
ÉL Y TAMBIEN SOBRE
TI MISMO.

ESTUDIO 56

PODEROSO EN LA BATALLA

Hebreos 11 es el capítulo familiar que contiene muchas ideas sobre la fe y luego proporciona abundantes ejemplos de aquellos que ejemplificaron la fe que Dios ama y honra. Como puedes imaginar, el nombre de David está incluido entre aquellos que son elogiados por su fe:

> ¿Y qué más digo? Porque el tiempo me faltaría contando de Gedeón, de Barac, de Sansón, de Jefté, de David, así como de Samuel y de los profetas; que por fe conquistaron reinos, hicieron justicia, alcanzaron promesas, taparon bocas de leones, apagaron fuegos impetuosos, evitaron filo de espada, sacaron fuerzas de debilidad, se hicieron fuertes en batallas, pusieron en fuga ejércitos extranjeros (Hebreos 11:32-34).

¿Qué lección de vida podemos aprender de esa referencia a David? Me alegra que hayas preguntado, pero para encontrar la respuesta, tendrás que seguir leyendo.

LISTO PARA SALIR, ANTES DE SALIR

Hebreos 11:34-35 dice, "Sacaron fuerzas de

debilidad, se hicieron fuertes en batallas, pusieron en fuga ejércitos extranjeros" (énfasis añadido). que salieron y recibieron la fuerza que necesitaban *después* de entrar en la batalla. Puedes estar diciéndote a ti mismo: "Si Dios me da fuerzas, iré y haré esto o aquello". En cambio, Dios está diciendo: "Si vas y lo haces, te daré la fuerza, la sabiduría, el poder, la habilidad, la información, el dinero, los recursos, lo que sea que necesites". Si estás esperando estar listo para ir antes de irte, es posible que nunca estés listo para ir en tu propia mente.

Me he encontrado con personas que tienen un mandato claro y la carga de hacer algo, incluso creyendo que Dios les ha dirigido a hacerlo. Sin embargo, me dicen cosas como: "Estoy orando por eso", pero en realidad no lo hacen. A veces me dicen: "No tengo la educación ni el entrenamiento", o "No soy lo suficientemente espiritual; Tengo que arreglar esto o aquello en mi vida antes de ir y hacerlo". **¿Alguna vez has ofrecido esas excusas? ¿Los estás empleando ahora en algún aspecto de tu vida, ministerio o trabajo?**

Es posible que realmente necesites más capacitación o educación, y es posible que debas abordar una falta o problema en tu vida. Sin embargo, esos problemas no te descalifican para hacer algo *hoy*, para ver la voluntad de Dios avanzando en tu vida. Por lo general, puede abordar tus problemas *mientras* cumples tu propósito en lugar de incluso antes de intentar cumplirlo. No trates de averiguar todas las implicaciones de la voluntad de Dios antes de comenzar a hacerlo; Comience a hacerlo y realiza tus cambios y mejora a medida que avanza.

LA VIDA DE DAVID

David fue un poderoso guerrero que llevó a su pueblo a una batalla victoriosa una y otra vez. Cada batalla representaba un riesgo de lesión, muerte o derrota. Sin embargo, David buscó al Señor y fue a la batalla con una sola seguridad: que Dios iba con él. Rara vez probó la derrota, pero probablemente tuvo muchas historias de cómo Dios se movió una vez que estuvieron en la batalla para cambiar el rumbo y ganar el día.

Si vas a ocupar y mantener el lugar que Dios tiene para ti, debes aprender a actuar como lo hicieron David y los otros campeones de la fe. Debes aprender a confiar en Dios que Él estará allí cuando lo necesites y no antes. Eso significa que debes actuar como si Él estuviera allí antes de que Él esté allí. Eso significa que planeas tu viaje misionero sin dinero, comprometiéndote a ir y confiando en que Él estará allí cuando llegue la fecha límite. Significa que solicita la admisión a la escuela, hace planes para abrir el negocio o lanza su trabajo ministerial antes de tener todo lo que cree que necesita. Usted busca el nuevo hogar, encuentra el auto nuevo que necesita y planifica sus vacaciones a pesar de que no hay recursos para indicar que esos esfuerzos serán exitosos.

¿Dónde tienes que ir a la batalla por la provisión prometida? ¿Dónde tienes que actuar como si tuvieras hoy, lo que necesitas para mañana? ¿Dónde has limitado tu fe a lo que tienes hoy en lugar de lo que el Señor te ha mostrado acerca del mañana?

Cuando caminas en fe, las reglas son diferentes a cuando no lo haces. Por lo tanto, tienes que ir a la batalla con la confianza de que Dios te hará suficiente para el día, incluso si no te sentías suficiente antes de entrar.

PUNTO DE PODER
PARA VIVIR #3

■——■——■

PLANIFICA Y ACTÜA
COMO SI YA TUVIERAS
LOS RECURSOS,
CONFIANDO EN QUE
ESTARAN ALLI CUANDO
LOS NECESITES.

ESTUDIO 57

LO PRINCIPAL

David es mencionado varias veces en el Nuevo Testamento, y en este capítulo, veamos un pasaje de Romanos donde Pablo lo citó para corroborar un punto que estaba haciendo:

> Pero al que obra, no se le cuenta el salario como gracia, sino como deuda; mas al que no obra, sino cree en aquel que justifica al impío, su fe le es contada por justicia. Como también David habla de la bienaventuranza del hombre a quien Dios atribuye justicia sin obras, diciendo: Bienaventurados aquellos cuyas iniquidades son perdonadas, y cuyos pecados son cubiertos. Bienaventurado el varón a quien el Señor no inculpa de pecado (Romanos 4:4-8).

Vamos a sumergirnos, ¿de acuerdo?

MUCHOS ROLES

David llevaba muchas vestiduras según su rol, por así decirlo. Lo vemos como un pastor, un guerrero, un general, un esposo, un fugitivo, un líder en entrenamiento, un padre, un rey, un profeta, un arquitecto, un autor, un músico y un compositor. Esa es una lista bastante impresionante, ¿no crees? Tuvo magníficos éxitos y lamentables fracasos y su legado casi se perdió en su lecho de muerte cuando no se preparó adecuadamente para su sucesor. Sin embargo, a pesar de todo, los altibajos, lo bueno y lo malo, David era un hombre espiritual. Quizás su contribución más significativa fue su colección de escritos que conocemos como los salmos.

En esos salmos, David hizo una crónica de su vida en el Señor. Escribió sobre lo que aprendió acerca de Dios, su viaje espiritual, las lecciones que sentía que eran más importantes para transmitir a las generaciones futuras sobre su relación con Dios. Aunque tenía muchas responsabilidades y, sin duda, estaba bastante ocupado, e incluso después de haber logrado un gran éxito, David continuó escribiendo, enseñando y hablando acerca del Señor. Siempre encontraba tiempo para compartir su visión.

Cuando Pablo necesitó una buena explicación de un concepto llamado justificación (una manera fácil de recordar lo que significa es esto: justificado = como si nunca hubiera pecado), ¡fue al Salmo 32 y citó a David! David abordó cuestiones espirituales, incluso teológicas, y compartió lo que vio. Cuando todo estaba dicho y hecho, David era un seguidor y amante de Dios, nada menos pero no más, y sus ideas fueron aceptadas no porque él fuera el rey y la gente tuviera que aceptarlas, sino porque escuchó del Señor y tenía algo significativo que decir.

Y AHORA TÚ

Sé que eres una persona ocupada. Tienes hijos que criar y aviones que coger y negocios que dirigir y sermones para predicar y vida para vivir. Sin embargo, si quieres vivir la vida abundante como lo hizo David, debes tener una cosa en tu mente: eres un siervo de Dios. Eres un discípulo de Jesús y no hay nada más importante que eso, ni tus innovaciones, ni tu creatividad, ni tu ministerio. Además, tienes la obligación de encontrar una manera de compartir lo que ves y escuchas con otras personas que lo necesitan. Puedes hacerlo a través de la enseñanza, la escritura, el arte o invirtiendo en alguna situación por la que no te pagan, pero en la que encuentras muchas oportunidades para ofrecer tu sabiduría y experiencia.

En medio de tu éxito como Dios te promueve, mantén lo principal y lo principal para David fue su relación con el Señor mientras luego compartía los beneficios de eso con los demás. Si sigues su ejemplo, disfrutarás de una calidad de vida que trascenderá los inevitables altibajos de la vida mientras llevas a cabo tu propósito dado por Dios.

PUNTO DE PODER
PARA VIVIR #4

■—□—■

TIENES EL MANDATO
DE COMPARTIR QUIEN
ERES Y LO QUE SABES
CON OTROS EN CASA
O EN EL EXTRANJERO.

ESTUDIO 58

NO MÁS JUGAR A LO PEQUEÑO

La Biblia es un libro magnífico. Es atemporal y accesible para todos, y con eso quiero decir que puede ser leído o escuchado por las almas más simples y encontrarán consuelo en su dolor y dirección para sus vidas. Sin embargo, la Biblia es también un libro complejo escrito a lo largo de unos pocos miles de años con muchos temas y conceptos que sólo dan su luz a aquellos que dedican tiempo y esfuerzo a su estudio. Cuando mis hijos estaban aprendiendo a leer, podían pronunciar fonéticamente muchas de las palabras de la Biblia, pero tenían que crecer y madurar para comprender el significado. Pedro escribió algo para notar acerca de la Biblia en su segunda epístola:

> Y tened entendido que la paciencia de nuestro Señor es para salvación; como también nuestro amado hermano Pablo, según la sabiduría que le ha sido dada, os ha escrito, casi en todas sus epístolas, hablando en ellas de estas cosas; entre las cuales hay algunas difíciles de entender, las cuales los indoctos e inconstantes tuercen, como también las otras Escrituras, para su propia perdición (2 Pedro 3:15-16).

En este pasaje, Pedro reconoció que consideraba las cosas que Pablo estaba escribiendo como
Escritura. Además, dijo que Pablo escribió cosas que
eran difíciles de entender y que algunos habían distorsionado descuidadamente lo que escribió. Eso nos
lleva a la lección de este capítulo en *Puntos de Poder*
para Vivir. Gracias por tu paciencia durante esta
introducción más larga de lo habitual. Ahora entre-
mos en nuestra lección.

DAVID EL ESCRITOR

En Romanos 11, Pablo estaba explicando la
naturaleza de la relación de Dios con Israel ahora
que el evangelio de Cristo había sido proclamado. Él
escribió:,

> ¿Qué pues? Lo que buscaba Israel, no lo
> ha alcanzado; pero los escogidos sí lo han
> alcanzado, y los demás fueron endureci-
> dos; como está escrito: Dios les dio espí-
> ritu de estupor, ojos con que no vean y
> oídos con que no oigan, hasta el día de
> hoy. *y David dice*: Sea vuelto su convite
> en trampa y en red, En tropezadero y en
> retribución; Sean oscurecidos sus ojos
> para que no vean, y agóbiales la espalda
> para siempre (Romanos 11:7-10, énfasis
> añadido).

¿A dónde fue Pablo en busca de ayuda para
explicar este difícil concepto? Se volvió al Salmo 69,
un salmo que David había escrito 1.100 años antes
que Pablo. ¿Y cómo caracterizó Pablo lo que dijo
David? Él no escribió "David dijo o escribió", Pablo
indicó "David dice" en tiempo presente. David no
dijo cosas que fueran solo para su generación; Eso
habría justificado una etiqueta de "él dijo". En cambio, David enseñó principios que eran eternos, y por
lo tanto Pablo escribió: "David dice". David habló y
sigue hablándonos a ti y a mí, 3.100 años después.

LA APLICACION

La mayoría de nosotros nunca haremos algo que todavía esté "hablando" a la gente miles de años después de que nos hayamos ido. Sin embargo, estamos hablando a nuestra generación, tanto a través de lo que somos como de lo que decimos, producimos o escribimos. Apocalipsis aborda la guerra en la que estamos y dice: "Y ellos le han vencido por medio de la sangre del Cordero y de la palabra del testimonio de ellos, y menospreciaron sus vidas hasta la muerte" (Apocalipsis 12:11).

Si quieres ser un vencedor, lo cual tendrás que ser para vivir la vida abundante, debes compartir tu testimonio, no solo cómo llegaste a la salvación, sino lo que Dios te está mostrando y enseñando de manera continua. Debes aceptar el hecho de que tu vida habla y mientras hablas, Dios habla a través de ti. Si estás en silencio, Su testimonio también es silenciado.

¿Aceptas el hecho de que eres una valla publicitaria que camina y habla para la obra de Dios en tu vida? ¿Aceptas además que le entregaste tu vida a Él, y por lo tanto Él puede usarla como Él quiera? Eso significa que Él puede hacerte un nombre familiar, o darte una compañía con miles de empleados, o un ministerio que toque a las naciones. Si Él hace alguna de esas cosas, usted tiene un deber y un solo deber: hablar sobre lo que Él ha hecho y lo que Él te está enseñando y guiando.

PUNTO DE PODER PARA VIVIR #5

■—■—[□]—■

ACEPTA POR FE QUE DIOS ESTA HABLANDO A TRAVES DE TI Y USANDOTE.

ESTUDIO 59

ORACIONES QUE HACEN TEMBLAR LA TIERRA

Hemos estado examinando la carrera de David para ver qué podemos aprender para ayudarnos a vivir la vida abundante. El tema de este libro es Puntos de Poder para Vivir y en este capítulo, nos quedamos en el Nuevo Testamento para ver lo que hicieron los discípulos después de haber sido amenazados para no volver a hablar públicamente sobre Jesús:

> "Y puestos en libertad, vinieron a los suyos y contaron todo lo que los principales sacerdotes y los ancianos les habían dicho. Y ellos, habiéndolo oído, alzaron unánimes la voz a Dios, y dijeron: Soberano Señor, tú eres el Dios que hiciste el cielo y la tierra, el mar y todo lo que en ellos hay; que por boca de David tu siervo dijiste: ¿Por qué se amotinan las gentes, y los pueblos piensan cosas vanas? Se reunieron los reyes de la tierra, y los príncipes se juntaron en uno Contra el Señor, y contra su Cristo" (Hechos 4:23-26).

Los que oraban invocaban el nombre y los escritos de David, que es en lo que queremos centrarnos en este estudio. Empecemos.

ORACIONES PODEROSAS

Cuando los discípulos oraron en este caso, no siguieron una fórmula ni terminaron su oración diciendo "en el nombre de Jesús". En cambio, oraron las Escrituras, yendo al Salmo 2 para recitar a Dios palabras que Él había inspirado a David a escribir. El Salmo 2 es uno de los salmos más citados en el Nuevo Testamento y por una buena razón. Cuando Jesús volvió a la vida, enseñó a los discípulos acerca del Reino, explicando todos los pasajes que le pertenecían para que ambos entendieran y enseñaran la visión que Él compartía. Podemos asumir con seguridad que Él pasó mucho tiempo abriendo sus mentes para entender ese segundo salmo.

En este caso, predicaron el mensaje de Jesús y la palabra de Dios a Él, sin orar por protección o por victoria sobre sus enemigos. Más bien, le pidieron a Dios que les diera favor mientras ignoraban las amenazas y continuaban compartiendo a Jesús: "Y ahora, Señor, mira sus amenazas, y concede a tus siervos que con todo denuedo hablen tu palabra, mientras extiendes tu mano para que se hagan sanidades y señales y prodigios mediante el nombre de tu santo Hijo Jesús" (Hechos 4:29-30). Su oración tenía tal poder y tanta vitalidad que Dios mismo se conmovió por lo que dijeron: "Cuando hubieron orado, el lugar en que estaban congregados tembló; y todos fueron llenos del Espíritu Santo, y hablaban con denuedo la palabra de Dios" (Hechos 4:31).

LECCIONES PARA NOSOTROS

¿Cuáles fueron los elementos de esta oración que causaron que Dios estallara en aplausos con tal fervor que sacudió la tierra de Su lugar en el cielo? Primero, su oración se basaba en eventos actuales. Los discípulos "regresaron a su propio pueblo" después de su encuentro con los líderes judíos, y compartieron la gravedad de la situación. Luego "levantaron sus voces juntos en oración", lo que indica que estaban de acuerdo. Después de eso, reconocieron la soberanía de Dios sobre su situación, reconociendo que su confrontación no fue un accidente, sino ordenada por Dios mismo. Luego oraron las Escrituras, en este caso invocando la palabra de su profeta, autor y padre David.

¿Cuándo fue la última vez que hiciste una oración que sacudió la tierra cuando terminaste? Sé que no lo he hecho, pero he experimentado momentos en los que sabía que mi oración había tocado el corazón de Dios. Esas oraciones eran desinteresadas, bíblicas y enfocadas en ayudarme a cumplir mi propósito. Recientemente, he estado pensando en el hecho de que nuestro trabajo no es orar como muchos han dicho. Nuestro trabajo es obtener respuestas a nuestras oraciones. Después de todo, Jesús dijo: "Y todo lo que pidiereis al Padre en mi nombre, lo haré, para que el Padre sea glorificado en el Hijo. Si algo pidiereis en mi nombre, yo lo haré" (Juan 14:13-14).

¿Es tu vida de oración vibrante o es bastante rutinaria? ¿Vivo o aburrido? ¿Diálogo o deber? ¿Espera respuestas específicas y ha compartido los resultados con otras personas como parte de su testimonio continuo? ¿Qué cambios necesitas hacer en tu vida de oración para tener la oportunidad de sacudir la tierra como lo hicieron los discípulos?

Aproveche al máximo tus conversaciones con Dios e involucra la mayor cantidad posible de Su palabra en tus oraciones. Y qué mejor manera de hacerlo que incorporar las palabras del salmista David, quien ciertamente sabía un par de cosas acerca de orar y escuchar a Dios.

PUNTO DE PODER PARA VIVIR #6

CULTIVA UNA VIDA
DE ORACION VIBRANTE
EN LA QUE NO SOLO
HABLES CON DIOS,
SINO QUE ÉL TAMBIEN
TE HABLE A TI.

ESTUDIO 60

DELEITE

Una de las cosas que me impresionó en mis primeras visitas a Israel hace muchos años es el hecho de que las personas en los registros del evangelio caminaban durante días, luego se sentaban durante días, luego tenían que caminar a casa durante días, solo para tener la oportunidad de escuchar a Jesús enseñar. Tuvieron que soportar el viaje a través de condiciones desérticas y luego sentarse en una gran multitud, esforzándose por escucharlo hablar sin la ayuda de la amplificación moderna.

No hicieron planes sobre lo que comerían, como lo demuestra la necesidad de que Jesús multiplicara los panes y los peces en varias ocasiones para alimentar a las multitudes hambrientas. ¿Dónde estaban los baños? ¿Dónde dormían? Nada de eso parecía importar. Solo querían la oportunidad de escuchar al hombre al que llamaban Rabino o Maestro. Marcos nos da un breve ejemplo de por qué la gente hizo todo lo posible para escucharlo:

> Enseñando Jesús en el templo, decía: ¿Cómo dicen los escribas que el Cristo es hijo de David? Porque el mismo David dijo por el Espíritu Santo: Dijo el Señor a mi Señor: Siéntate a mi diestra, Hasta que ponga tus enemigos por estrado de tus pies. David mismo le llama Señor; ¿cómo, pues, es su hijo? Y la gran multitud lo escuchó con deleite (Marcos 12:35-37, énfasis añadido).

¿Notaste la última frase? "Lo escucharon con deleite". Pagaron un alto precio para acercarse a Él y sus esfuerzos no fueron en vano. Los peregrinos fueron recompensados con enseñanzas y perspicacia que les dieron "deleite". ¿Qué podemos aprender del Maestro para que podamos vivir una vida abundante e impactar a quienes nos rodean? Me alegra que hayas preguntado; Para obtener las respuestas, tendrás que seguir leyendo.

IMPRESIONANTE

Cuando Jesús enseñó, Él estaba en Su propósito y literalmente le quitó el aliento a la gente. Cuando lees el evangelio de Marcos, constantemente te encuentras con palabras como "asombrado", "deslumbrado", "aterrorizado" o "asustado". Un encuentro con Jesús era como montar en una montaña rusa. Fue estimulante pero aterrador. Dijo cosas que la gente nunca había escuchado o siquiera considerado, y desafió todas sus nociones preconcebidas acerca de Dios y Su Mesías. Y ahora Él dice que debemos tomar nuestras cruces y seguirlo. En la mayoría de los casos, escuchamos eso en términos negativos y asumimos que vamos a estar haciendo muchas cosas que no queremos hacer.

Pero, ¿y si ese no es el significado completo? ¿Qué pasa si hemos cambiado o hemos sido demasiado estrechos de miras con respecto a lo que significa recoger nuestra cruz? Después de todo, Hebreos 12:2 nos dice: "Puestos los ojos en Jesús, el autor y consumador de la fe, el cual por el gozo puesto delante de él sufrió la cruz, menospreciando el oprobio, y se sentó a la diestra del trono de Dios". Jesús abrazó Su cruz porque había gozo en ambos lados de ella, antes de tomarla y después de llevarla. Y debido a que el propósito de su vida estaba envuelto e inmerso en gozo, porque se deleitaba en hacer la voluntad del Padre, otros pudieron participar en ese mismo gozo. Fue contagioso. Cuando Jesús fluyó en Su propósito, no solo fue un deleite para Él, sino también para todos aquellos que lo encontraron.

TU TURNO

Cuando estás en tu propósito, la gente debe deleitarse en ti mientras lo expresas tal como lo hicieron con Jesús. Durante los once años en que fui pastor asociado, pero solo hablé desde el púlpito dos veces, oraba: "Dios, si alguna vez me liberas para hablar, dame algo que decir y enséñame cómo decirlo. Quiero que la gente pierda la noción del tiempo cuando hablo. Quiero que sacudan la cabeza y digan 'Wow' porque escucharon algo sobre Ti que les quitó el aliento colectivo". Hoy, cuando hablo o escribo y la gente sonríe o me da comentarios positivos, oro: "Gracias, Dios, por ayudar a traer alegría a los corazones de tu pueblo, tal como lo hizo Jesús".

Ahora es tu turno. **¿Cuando dibujas, cuidas a niños o ancianos, hablas, enseñas, diriges o aconsejas, ¿estás deleitando a aquellos cuyas vidas tocas? ¿Es tu cruz todo dolor y ninguna alegría? ¿Estás dispuesto a hacer lo que sea necesario no solo para dar a las personas una experiencia ordinaria sino extraordinaria cuando te tocan en tus dones útiles y creativos?** Al igual que Jesús, debes esforzarte por dar a las personas deleite en su Dios cuando encuentren Su bondad en ti y a través de ti.

PUNTO DE PODER PARA VIVIR #7

DALE A LAS PERSONAS
UNA EXPERIENCIA
INOLVIDABLE CUANDO
TE ENCUENTREN
EN TU PROPOSITO
DE VIDA.

ESTUDIO 61

TUS EDITOR(ES)

Sigamos identificando Puntos de Poder para Vivir en esta serie que te ayudará a vivir una vida abundante en el trono, la posición de propósito y autoridad que Dios te ha dado. Estos Puntos de Poder son importantes porque algunos no quieren asumir la mayor responsabilidad que viene con un rol de influencia más amplio, pero Dios está buscando crecimiento; ensanchamiento. Por lo tanto, si quieres agradarle, debes aceptar el lugar que Él tiene para ti y no solo cuidarlo, sino nutrirlo para que pueda crecer. Pienso en el proverbio que dice: "La bendición de Jehová es la que enriquece y no añade tristeza con ella" (Proverbios 10:22).

En este capítulo, comencemos a mirar los salmos que David escribió para ver qué podemos aprender sobre el hombre para que podamos apropiarnos de esas lecciones en nuestra propia búsqueda de las verdaderas riquezas de una vida abundante. Para empezar, vayamos al principio de los Salmos. ¿Empezamos?

EL LIBRO

Hay 150 salmos en todo el libro, y parece que David escribió al menos 73 de ellos, tal vez más. Algunos historiadores atribuyen todos los salmos a David, pero ese no parece ser el caso. Quienquiera que los haya escrito, son una magnífica colección de oraciones, canciones y declaraciones que han dado forma a la vida devocional y de adoración, primero de Israel y luego de la iglesia. Por lo general, tratamos los salmos como una caja de chocolates, revisándolos todos para elegir uno que se ajuste a nuestro gusto o necesidad del momento. Si estamos abatidos, queremos uno que eleve la situación. Si estamos desanimados, buscamos uno que nos anime. Si somos perseguidos, buscamos al que le pide a Dios que aplaste a nuestros enemigos. Sin embargo, ¿alguna vez has considerado los salmos como un todo?

Los salmos fueron escritos durante cientos de años. En algún momento, tal vez durante el cautiverio babilónico, los escribas de Israel (y no sabemos quiénes eran), se dispusieron a poner los salmos en algún tipo de orden. Puede que no prestes atención a los encabezados, pero reunieron los salmos en cinco libros en un orden específico, cada libro tiene un tema general que contiene un mensaje progresivo.

Luego están los encabezados que nos dan una idea del contexto cuando se escribió el salmo. He escrito una fábula que examina los salmos y los temas de los cinco libros titulado Mis enemigos, mis amigos. Te animo a que obtengas una copia y aprendas más sobre las complejidades de los Salmos en su conjunto. Por ahora, solo quiero hacer algunos puntos sobre el papel de David en los salmos mismos.

EL EQUIPO

David escribió salmos. No sé si él sabía que estaban inspirados, pero él y otros sabían que Dios estaba hablando a través de él. Compuso sus salmos en los buenos y malos tiempos. Compartió sus emociones crudas y alguien recogió lo que escribió y las preservó, incluso llevándolas con la gente cuando se exiliaron seis siglos después de la muerte de David. Entonces alguien, probablemente un equipo de hombres, se sentó a poner los salmos en el orden que tenemos hoy de tal manera que no solo contenían mensajes en los salmos individuales, sino también en el orden en que fueron editados y presentados. En otras palabras, los Salmos como los conocemos hoy en día fueron un esfuerzo de equipo.

Si vas a vivir la vida abundante, también tendrás que ser parte de un equipo, pero primero, tienes que producir fruto. Ese fruto puede ser expresiones creativas o vidas tocadas, pero la vida abundante es más que ir a la iglesia y mantenerse fuera de problemas. Es ser la expresión más completa y mejor de lo que Dios te hizo ser. Sin embargo, entonces tienes que enviar lo que produces a personas que puedan distribuirlo, examinarlo, mejorarlo o criticarlo. Pero lo harán mejor, o debería decir que te harán mejor, y harán cosas con lo que produces que tal vez nunca hayas pensado o que nunca te hayan gustado. En otras palabras, todo el mundo necesita un buen editor, alguien que no sea demasiado amable con lo que produces, pero que pueda hacerlo mejor o más nítido, con más de una ventaja.

David escribió y compuso, eso es lo que podía aportar. Entonces alguien reconoció el valor de lo que hizo. Eso es lo que podían hacer. Luego, alguien los llevó en el largo viaje para que pudieran ser preservados y listos por las generaciones futuras. Eso es lo que podían hacer. Luego alguien los editó y los juntó todos. Eso es lo que podían hacer.

¿Estás ahora dispuesto a hacer lo que puedes hacer y confías en que Dios hará lo que solo Él puede hacer a través de los dones y la perspectiva de los demás? ¿Quiénes son tus "editores"? ¿Quién te desafía a hacer más y a mejorar lo que haces? ¿Quién habla en tu vida para desafiarte a no aceptar el status quo o la etiqueta de "lo suficientemente bueno"? ¿Estás dispuesto a someter el trabajo de tu vida al manejo y mal manejo de otros, confiando en que Dios está en el proceso?

El propósito y la creatividad no son limpios y ordenados, sino que se expresan en medio de las incertidumbres e imperfecciones de la vida. La buena noticia es que el Cierto y Perfecto está supervisando el proceso. Es hora de que des un paso adelante y seas quien Dios te hizo ser, incluso si es para editar o compilar el trabajo de otra persona.

PUNTO DE PODER PARA VIVIR #8

ENCUENTRA PERSONAS QUE TE AFIRMEN Y TE DEN SU OPINION PARA QUE PUEDAS MEJORAR Y CRECER.

ESTUDIO 62

TU REPUTACIÓN

Continuemos escudriñando los Salmos para ver qué podemos aprender acerca de David para que podamos aplicarlo a fin de vivir la vida abundante que Jesús prometió que viviríamos. En este capítulo, hay tres versículos en el Salmo 78 que no fueron escritos por David, pero son un testimonio y un resumen de su tiempo como rey de Israel:

> Eligió a David su siervo, y lo tomó de las majadas de las ovejas; De tras las paridas lo trajo, para que apacentase a Jacob su pueblo, y a Israel su heredad. Y los apacentó conforme a la integridad de su corazón, Los pastoreó con la pericia de sus manos (Salmo 78:70-72).

Probablemente ya hayan notado cosas que son relevantes para nuestra discusión, pero no obstante, permítanme agregar mis dos centavos a la mezcla.

UNA BUENA REPUTACION

Dios escogió a David cuando aún era pastor de ovejas para ser el líder de su pueblo. El propósito de liderazgo de David comenzó en la mente de Dios y resultó en una asignación, un llamado cuando David aún era joven. Sin embargo, su llamado no era solo una cosa de Dios, porque David tenía un papel que desempeñar. Tenía que llevar a cabo esa llamada con integridad y habilidad, y tenía que liderar, no solo en el título sino en la realidad. Tuvo que tomar decisiones, algunas de ellas erróneas y miopes, y luego tuvo que abordar esos errores, ahí es donde entró su integridad. Lo que escribió el salmista me recuerda lo que se dijo acerca de Daniel:

> Entonces los gobernadores y sátrapas buscaban ocasión para acusar a Daniel en lo relacionado al reino; mas no podían hallar ocasión alguna o falta, porque él era fiel, y ningún vicio ni falta fue hallado en él (Daniel 6:4).

Daniel no fue descuidado y llevó a cabo sus deberes con el mayor cuidado y, como David, con integridad. Parece que estas dos breves declaraciones sobre David y Daniel fueron escritas por otra persona, lo que dice que ambos tenían una reputación de habilidad y honestidad, y otros sabían que se podía confiar en ellos para llevar a cabo sus responsabilidades con excelencia. El escritor de sabiduría lo resumió de esta manera: "De más estima es el buen nombre que las muchas riquezas, y la buena fama más que la plata y el oro." (Proverbios 22:1). En resumen, ambos hombres tenían una buena reputación.

TU TURNO

Ahora Dios te está dando la oportunidad de hacer un impacto en tu mundo en el tiempo que te queda. Si desea aprovecharlo al máximo, aquí hay tres cosas que debe tener en cuenta y perseguir:

1. *Nunca dejes de aprender y crecer.* Tanto Daniel como David tenían habilidad. Eso significa que eran buenos en lo que hacían. No contaban con que Dios hiciera lo que solo ellos podían hacer, sino que contaban con Su ayuda mientras buscaban hacer su trabajo de una manera que honrara a Dios y ayudara a otros.

2. *Importa lo que otros digan y piensen.* No estás liderando o sirviendo
   en el vacío. Otros están involucrados
   y están observando y juzgando todo
   el tiempo. No tome atajos en lo que
   respecta a la ética y tenga en cuenta
   que está construyendo una reputación que mejorará o restará valor a
   su liderazgo, e influirá en lo que otros
   piensen del Señor al que sirve.

3. *En caso de duda, sirva a los demás.*
   Ambos hombres usaron sus posicio-
   nes de poder para empoderar y servir a los demás. Daniel sirvió a un
   líder y cultura pagana y David sirvió
   a su pueblo, fuera o no el rey. La mejor manera de ganar una buena reputación es estar entre aquellos que
   formularán y difundirán esa reputación. Haz que tus encuentros con
   ellos cuenten para siempre.

Ahora ocúpate de realizar el trabajo diario de
hacer y ser las cosas que quieres que la gente diga de
ti ahora y que recuerde de ti cuando ya no estés.

PUNTO DE PODER PARA VIVIR #9

DEBES HACER Y SER HOY LO QUE QUIERES QUE LA GENTE TE RECUERDE MAÑANA.

ESTUDIO 63

"ESTARÉ ALLÍ EN UN MINUTO"

Estamos buscando en los salmos lecciones y conocimientos de la vida de David que nos ayuden a vivir una vida abundante como Jesús prometió que haríamos. En nuestra búsqueda, queremos destilar un punto principal que estoy llamando una *Punto de Poder para Vivir* que te ayudará a guiarte al lugar de poder y fecundidad que Dios quiere que tengas.

En el último capítulo, vimos el Salmo 73, que no fue escrito por David, y vimos una afirmación de un tercero que hablaba de su habilidad e integridad. En este capítulo, vayamos al Salmo 3, que David sí compuso:

> ¡Oh Jehová, cuánto se han multiplicado mis adversarios! Muchos son los que se levantan contra mí. Muchos son los que dicen de mí: No hay para él salvación en Dios. Selah Mas tú, Jehová, eres escudo alrededor de mí; Mi gloria, y el que levanta mi cabeza. Con mi voz clamé a Jehová, y él me respondió desde su monte santo. Selah Yo me acosté y dormí, y desperté, porque Jehová me sustentaba. No temeré a diez millares de gente, Que pusieren sitio contra mí. Levántate, Jehová;

sálvame, Dios mío; Porque tú heriste a
todos mis enemigos en la mejilla; Los
dientes de los perversos quebrantaste.
La salvación es de Jehová; Sobre tu pueblo sea tu bendición. Selah (Salmo 3).

Comencemos a ver qué podemos aprender
que te ayudará a estar más en el flujo del propósito
de Dios.

EN FUGA

Los salmos están en el orden en que están por
una razón. Los dos primeros salmos sirven como
una especie de introducción y luego el Salmo 3 es
el comienzo del libro uno (hay cinco libros, cada colección de salmos en el libro con un tema general).
Al leer el salmo en su totalidad arriba, no está realmente completo sin el título que describe el contexto
del salmo: "Un salmo de David. Cuando huyó de su
hijo Absalón".

Puedes leer sobre esta historia de Absalón, el
hijo de David, que quería tanto el trono de su padre
que incitó una rebelión que comenzó en 2 Samuel
15. Cuando Absalón se rebeló, David no tuvo más
remedio que huir de Jerusalén con sus aliados porque su hijo tenía la popularidad y eso puso a David
en peligro mortal. En otras palabras, David estaba
corriendo por su vida.

Sin embargo, en algún lugar del camino,
David se detuvo para escribir el Salmo 3. Puedo ima-
ginarlo en su campamento, tal vez en una tienda de
campaña, sin saber cuán cerca estaban sus enemigos. Los que estaban con él estaban parados fuera de
la tienda, instando a David a darse prisa: "Nuestro
señor, debemos irnos. ¡Ahora! Los scouts dicen que
los hombres de Absalón están cerca. No tenemos
tiempo que perder".

Sin embargo, David respondió a sus súplicas:
"Estén allí en un minuto. Solo quiero terminar de

escribir en mi diario". Cuando miras el Salmo 3, no fue escrito en tiempo pasado. No dice "cuántos eran mis enemigos. Muchos se levantaron contra mí". David no escribió esto años más tarde como memorias; Lo escribió mientras sucedía. ¿Y cuál era su carácter mientras enfrentaba esta última amenaza a su vida y trono? "Yo me acosté y dormí, y desperté, porque Jehová me sustentaba". Todo en tiempo presente. Todo escrito bajo coacción. Todo compuesto mientras su vida estaba en peligro.

Y AHORA TU

Dices que no puedes ser creativo o cumplir tu propósito en este momento porque estás bajo mucha presión. Prometes hacer lo que está en tu corazón "algún día", una vez que los niños terminen la universidad, o tu artritis se calme, o se pague la hipoteca, o el mundo no sea un lugar tan loco. Afirmas estar esperando en el Señor, y parece que Dios simplemente no quitará a tus enemigos de tu espalda para que tengas suficiente tiempo y energía para hacer Su voluntad.

Sin embargo, David estaba escribiendo mientras estaba literalmente rodeado de sus enemigos. Parecía estar durmiendo bien. Oró para que Dios peleara contra sus enemigos, y escribió poesía y salmos porque no podía controlar lo que sus enemigos estaban haciendo. Solo podía controlar lo que estaba haciendo. Y decidió escribir poesía, mientras sus guardias armados caminaban nerviosamente fuera de su tienda y sus exploradores enviaban noticias de que el enemigo se acercaba rápidamente.

¿En qué excusas confías que calman tu conciencia porque te han convencido a ti mismo con miedo y por fe? ¿Qué circunstancias rodean tu tienda que estás convencido de que te limitan y te impiden hacer mucho excepto ir a la iglesia, e incluso eso puede ser una tarea? ¿Qué has estado posponiendo hacer, diciéndole al Señor: "Estaré allí en un minuto"

mientras te escondes en la tienda sin intención de salir pronto?

Es hora de hacer lo que hizo David y poner su confianza en Dios para mantener a raya a sus enemigos mientras lleva a cabo Su voluntad. Al hacerlo, serás como David, que mantuvo la cabeza en alto, durmió bien y escribió sus canciones y poesía en el infierno o en aguas altas, y el agua se puso bastante alta y el infierno se acercó bastante.

PUNTO DE PODER
PARA VIVIR #10

APRENDE A DAR FRUTO
Y GOBERNAR A TRAVES
DE TU PROPOSITO EN
MEDIO DE TUS ENEMIGOS
Y OTRAS DISTRACCIONES,
SIN ESPERAR HASTA
QUE LAS CONDICIONES
SEAN PERFECTAS O MAS
FAVORABLES.

ESTUDIO 64

HORA DE ACOSTARSE

Al examinar la vida de David en busca de pistas sobre cómo podemos llevar una vida abundante, hemos recurrido a los salmos para ver qué podemos encontrar y aprender. En este estudio, veamos el Salmo 4, uno de los muchos que David escribió:

Respóndeme cuando clamo, oh Dios de mi justicia. Cuando estaba en angustia, tú me hiciste ensanchar; Ten misericordia de mí, y oye mi oración. Hijos de los hombres, ¿hasta cuándo volveréis mi honra en infamia, Amaréis la vanidad, y buscaréis la mentira? *Selah* Sabed, pues, que Jehová ha escogido al piadoso para sí; Jehová oirá cuando yo a él clamare. Temblad, y no pequéis; Meditad en vuestro corazón *estando en vuestra cama*, y callad. *Selah* Ofreced sacrificios de justicia, y confiad en Jehová. Muchos son los que dicen: ¿Quién nos mostrará el bien? Alza sobre nosotros, oh Jehová, la luz de tu rostro. Tú diste alegría a mi corazón Mayor que la de ellos cuando abundaba su grano y su mosto. *En paz me acostaré, y asimismo dormiré*; Porque solo tú,

Jehová, me haces vivir confiado (Salmo 4, énfasis agregado)

En el último estudio, vimos esta frase en el Salmo 3: "*Me acuesto y duermo*; Despierto otra vez, porque el Señor me sostiene" (Salmo 3:5, cursiva agregada). Dado que ambos salmos mencionan el sueño y el descanso, veamos un poco más de cerca lo que David pudo haber estado tratando de decirnos. A lo largo de los años, he leído mucho sobre cómo David se levantaba temprano para sus devociones, pero nunca he notado que nadie hable mucho sobre lo que David dijo que deberíamos hacer mientras estábamos en la cama. Empecemos.

HABITOS DE SUEÑO

¿Quién de nosotros no ha perdido el sueño por alguna razón? A veces nos sentimos sobre estimulados al ver algo justo antes de acostarnos o porque bebimos demasiada cafeína. Tal vez estemos preocupados o emocionados por una relación o por el resultado de algún posible evento. A veces tenemos sueños malos o buenos que no podemos dejar de repetir en nuestra mente. De vez en cuando, dormimos para escapar de las realidades de la vida que nos esperan cuando nos levantamos.

Luego está la forma altamente individualizada en la que abordamos el sueño. Algunos necesitan más, otros menos. Algunos van a dormir temprano, mientras que otros son noctámbulos; Algunos se levantan antes del amanecer, mientras que otros consideran que las 11 a.m. son "madrugadores". Cualesquiera que sean nuestros hábitos de sueño, David tenía algunas ideas sobre el "trabajo" que deberíamos hacer antes y después de acostarnos.

Vemos que nos dijo que 'escudriñáramos nuestros corazones' mientras estábamos en nuestras camas y que 'guardáramos silencio'. Esto debe significar que temprano en la mañana o tarde en la noche, David recomendó que nos detuviéramos y escucháramos, a nuestro corazón y a la voz del Señor. En el Salmo 63:6, David escribió: "Cuando me acuerde de ti en mi lecho, cuando medite en ti en las vigilias de la noche".

El profeta escribió en Isaías 50:4: "Jehová el Señor me dio lengua de sabios, para saber hablar palabras al cansado; *despertará mañana tras mañana, despertará mi oído para que oiga como los sabios*" (énfasis añadido). Pablo escribió que no permitiéramos que el sol se pusiera sobre nuestra ira, que nos ocupáramos de ella con prontitud antes de irnos a dormir (véase Efesios 4:26). Vemos en todos estos versículos que nuestro tiempo en la cama debe ser usado para algo más que dormir.

EN PIE DE LUCHA

No hay tal cosa como estar de descanso cuando estás sirviendo al Señor. Ya sea que estés comiendo, jugando, trabajando, aprendiendo, levantándote o acostado, debes ser consciente de Él. Debes pensar en Él y en Su bondad a lo largo de tus horas de vigilia, y debes realizar transacciones comerciales con Él en tus primeros y últimos momentos de conciencia. Debes confiar en el Señor incluso mientras te preparas para pasar hasta un tercio de tu día en un estado de sueño inconsciente. Cuando haces eso, David parece prometer tanto en el Salmo 3 como en el 4 que tendrás paz cuando te reclines y, por lo tanto, duermas bien.

¿Cómo estás durmiendo estos días? ¿Su sueño es reparador o inquieto? ¿Tus sueños son agradables o no tanto? ¿Estás tomando tiempo para agradecer a Dios por el regalo de otro día? ¿Estás luchando con los problemas hasta que los hayas liberado al Señor y tengas paz? Como vimos en el capítulo pasado, David aprendió a descansar bien incluso cuando estaba rodeado de sus enemigos, proporcionando una prueba de que se puede hacer incluso en las circunstancias más difíciles.

Como adorador de Dios, incluso la hora de acostarse es una parte importante de su devoción a Él. Aprovéchalo al máximo haciendo los negocios que necesitas hacer y que te otorgarán un descanso significativo que luego te equipará para servir a Dios y a los demás mientras estás despierto.

PUNTO DE PODER PARA VIVIR #11

CONSULTE CON DIOS
ANTES DE IRSE A DORMIR
Y CUANDO SE DESPIERTE A
TRAVES DE LA ORACION, LA
ESCUCHA, LA CONFESION, LA
ALABANZA, LAS PREGUNTAS
Y LA ACCION DE GRACIAS.

ESTUDIO 65

TERMITAS

Continuemos nuestra mirada a los salmos para ver qué pueden enseñarnos acerca de David que nos ayudará a vivir la vida abundante que Jesús prometió. En este capítulo, pasamos al Salmo 58 y observamos una palabra de la que rara vez escuchamos mucho, pero es algo que David desplegó todo el tiempo:

Oh congregación, ¿pronunciáis en verdad justicia? ¿Juzgáis rectamente, hijos de los hombres? Antes en el corazón maquináis iniquidades; Hacéis pesar la violencia de vuestras manos en la tierra. Se apartaron los impíos desde la matriz; Se descarriaron hablando mentira desde que nacieron. Veneno tienen como veneno de serpiente; Son como el áspid sordo que cierra su oído, Que no oye la voz de los que encantan, Por más hábil que el encantador sea. Oh Dios, quiebra sus dientes en sus bocas; Quiebra, oh Jehová, las muelas de los leoncillos. Sean disipados como aguas que corren; Cuando disparen sus saetas, sean hechas pedazos. Pasen ellos como el caracol que se deslíe; Como el que nace muerto, no vean el sol (Salmo 58:1-8).

En este estudio, queremos ver la práctica del *lamento* como un ejercicio espiritual impregnado de fe.

DOLOR INDESCRIPTIBLE

La tristeza y el dolor son parte de nuestra experiencia humana. Cuando nos enfrentamos a una profunda tristeza, y todos lo están en un momento u otro, respondemos de diferentes maneras. Algunos permiten que su tristeza se transforme en depresión, otros en ira. Algunos niegan que haya algo malo y siguen adelante, mientras que otros culpan a Dios o a otras personas. Algunos atribuyen su dolor a la mala suerte y se revuelcan en la autocompasión. Si vas a vivir una vida abundante, debes aprender a manejar tus contratiempos y decepciones. Tienes que aprender a lidiar con el mundo y la vida tal como son y no como quieres que sean.

Cuando David estaba triste, desconcertado, enojado o frustrado, acudía al Señor. Eso puede sonar súper espiritual y probablemente lo fue, pero lo que dijo fue brutalmente honesto, impactante incluso para el lector informado y espiritual. En el Salmo 58, David escribe cómo siente que Dios debe tratar con los malvados en términos inequívocos. Le pide a Dios que "les arranque los colmillos", "que se desvanezcan como el agua" y "que sean como una que se derrite". Cosas bastante fuertes.

David estaba en medio de una tristeza indescriptible, pero lo habló. Lo expuso ante el Señor, sin retener nada. En esencia, estaba confiando su ira, tristeza y confusión al Señor. No actuó lo que estaba diciendo. No negó la realidad de lo que había en su corazón. En cambio, se lo llevó al Señor en términos gráficos y fue honesto con Dios. Este proceso que incluye emoción cruda, palabras intensas y gritos amargos son todos componentes de lo que llamamos lamento, y David se lamentó en más de una ocasión.

HONESTOS CON DIOS

En mis primeros días de ministerio, nuestras finanzas eran bastante magras. Entonces, un día descubrimos que las termitas estaban haciendo mucho daño a nuestro hogar y nuestra póliza de seguro no cubría el daño como pensábamos. Por lo tanto, estábamos atrapados con una gran factura que no podíamos pagar. Al principio, me encogí de hombros e hice confesiones de fe que Dios proveería. Pero cuanto más tiempo pasábamos sin la provisión, más enojado me sentía.

Entonces, un día, me estaba preparando para un sermón, pero no podía concentrarme. El Señor y yo "lo sacamos" sobre las termitas. No voy a entrar en todos los detalles, pero en un momento después de dos horas de lucha con Dios, tomé un libro, lo tiré contra la pared y dije: "¡Dios, no me estás ayudando y no es justo!" Me estaba lamentando, aunque en ese momento, no sabía qué era eso desde un punto de vista bíblico.

Fue entonces cuando sentí que el Señor me hablaba: "¡Crees que esas termitas son más grandes que yo"! Dejé de hacer lo que estaba haciendo y me eché a reír profundamente, porque en una simple frase, Dios había abordado la fuente de mi ira. Yo había sido honesto con Dios y Él a su vez se había vuelto honesto conmigo. Estoy convencido de que, si no hubiera hecho lo que hice, Él no habría revelado lo que hizo.

Si estudias los lamentos en los salmos, todos terminaron de la misma manera que lo hizo mi historia de termitas: el salmista derramó su queja, pero en algún momento, Dios se abrió paso y el tono del escritor pasó de la ira y la desesperación a la adoración y la esperanza. **¿Estás siendo honesto con Dios? ¿Tienes miedo del desorden de derramar tu corazón a Él y esperar Su respuesta?**

Después de que el Señor me habló, ¡Él proveyó un obrero que hizo nuestras reparaciones gratis! Todavía me río cuando veo una pequeña termita y pienso en cómo había formado a mi Dios para que fuera aún más pequeño, pero mi honestidad ante Él me permitió ver la locura de mis caminos. Dios está esperando para ajustar tu actitud y perspectiva, pero solo lo hará cuando admitas dónde estás, no dónde quieres estar o crees que deberías estar.

PUNTO DE PODER PARA VIVIR #12

SE HONESTO Y DIRECTO CON DIOS Y ÉL SERA HONESTO CONTIGO.

ESTUDIO 66

ENEMIGOS INTERNOS

En el Salmo 4, leemos estas palabras de David: 8 En paz me acostaré, y asimismo dormiré; Porque solo tú, Jehová, me haces vivir confiado. (Salmo 4:8) pero solo dos salmos después, leemos,

Jehová, no me reprendas en tu enojo, Ni me castigues con tu ira. Ten misericordia de mí, oh Jehová, porque estoy enfermo; Sáname, oh Jehová, porque mis huesos se estremecen. Mi alma también está muy turbada; y tú, Jehová, ¿hasta cuándo? Vuélvete, oh Jehová, libra mi alma; Sálvame por tu misericordia. Porque en la muerte no hay memoria de ti; En el Seol, ¿quién te alabará? Me he consumido a fuerza de gemir; *Todas las noches inundo de llanto mi lecho, Riego mi cama con mis lágrimas.* Mis ojos están gastados de sufrir; Se han envejecido a causa de todos mis angustiadores. Apartaos de mí, todos los hacedores de iniquidad; Porque Jehová ha oído la voz de mi lloro. Jehová ha oído mi ruego; Ha recibido Jehová mi oración. Se avergonzarán y se turbarán mucho todos mis enemigos; Se volverán y serán avergonzados de repente (Salmo 6, énfasis añadido).

¿Por qué en una ocasión David durmió como un bebé, pero en otra ocasión lloró como tal? ¿Por qué podía dormir toda una noche, pero no podía dormir la siguiente? Tratemos de responder esas preguntas mientras continuamos nuestra búsqueda de *Puntos de Poder para Vivir* que nos ayuden a vivir la vida abundante. Empecemos.

NINGUNA RAZON DADA

Se nos dice en el encabezado que David escribió este salmo, pero no tenemos contexto histórico. No sabemos a qué se enfrentaba o por qué estaba tan angustiado. Todo lo que sabemos es que tenía enemigos, eran malvados y temía por su vida, preocupado de que el Señor retirara Su presencia protectora. Mi sensación es que David escribió este salmo mucho antes en su vida de lo que escribió el Salmo 4, pero los editores que compilaron los salmos decidieron invertir el orden. Cualquiera que sea el orden, las circunstancias tenían a David tan nervioso que no pudo dormir, llorando toda la noche.

Si David escribió esto temprano en su viaje monárquico, entonces podemos concluir que para cuando Absalón lo persiguió muchos años después, David había aprendido a controlar su ansiedad hasta tal punto que podía dormir rodeado de sus enemigos como lo informó en el Salmo. 4. En el Salmo 6, no podía dormir pensando en sus enemigos. No podía dormir en el Salmo 6 no específicamente por sus enemigos, sino por su terror sobre ellos, y su sensación de que Dios estaba a punto de abandonarlo en la tumba. El problema de David fue su respuesta interna a una situación externa.

LA BATALLA INTERIOR

Tendemos a pensar en nuestros enemigos como

aquellos que están fuera de nosotros, nuestros críticos y oponentes, o personas que no piensan ni se parecen a nosotros. Sin embargo, nuestros mayores enemigos están dentro: el miedo, la duda, la ira, el odio, la preocupación, la ansiedad. David podía enfrentarse a un gigante de nueve pies y dormir mientras sus enemigos rodeaban su tienda, pero sus enemigos internos lo mantenían despierto por la noche. Su progreso del Salmo 6 al Salmo 4, de noches de insomnio a dormir profundamente, nos muestra que podemos aprender a manejar a nuestros enemigos internos en la medida en que podamos cambiar nuestra forma de pensar.

De lo contrario, ¿qué quiso decir Pablo cuando escribió: "derribando argumentos y toda altivez que se levanta contra el conocimiento de Dios, y llevando cautivo todo pensamiento a la obediencia a Cristo," (2 Corintios 10:5) Debemos tener la capacidad con la ayuda del Espíritu de cambiar nuestra manera de pensar para producir paz y descanso: "Por lo demás, hermanos, todo lo que es verdadero, todo lo honesto, todo lo justo, todo lo puro, todo lo amable, todo lo que es de buen nombre; si hay virtud alguna, si algo digno de alabanza, en esto pensad" (Filipenses 4:8).

¿Cómo va el camino dentro de ti estos días? ¿Estás descansando en las promesas de Dios? ¿Estás luchando y ganando contra la ansiedad, el miedo y la duda? ¿Estás involucrado en el combate cuerpo a cuerpo requerido para tomar cautivo cada pensamiento? David terminó el Salmo 6 con una declaración de su confianza en que Dios estaba con él y finalmente derrotaría a sus enemigos. ¿Tienes esa misma confianza? ¿Estás dispuesto a pagar el precio para conseguirlo?

No estableciste tus hábitos de pensamiento de la noche a la mañana y no cambiarán rápidamente, pero con un esfuerzo constante y fe puedes hacer el mismo viaje que hizo David del Salmo 6 al 4 y disfrutar del descanso, tanto de noche como durante tus horas de vigilia.

PUNTO DE PODER PARA VIVIR #13

SE VICTORIOSO SOBRE TUS ENEMIGOS INTERNOS CONVIRTIENDO TUS PENSAMIENTOS NEGATIVOS EN PENSAMIENTOS VIVIFICANTES POR EL PODER DEL ESPIRITU.

ESTUDIO 67

ORACIÓN CONTESTADA

Sigamos buscando pistas en la vida de David que nos ayuden a vivir una vida abundante mientras nos sentamos en el trono de propósito que Dios nos ha dado. En este estudio, comencemos con el Salmo 7, donde David clamaba al Señor por un hombre llamado Cus que estaba tratando de quitarle la vida a David:

> Levántate, oh Jehová, en tu ira; Álzate en contra de la furia de mis angustiadores, y despierta en favor mío el juicio que mandaste. Te rodeará congregación de pueblos, y sobre ella vuélvete a sentar en alto. Jehová juzgará a los pueblos; Júzgame, oh Jehová, conforme a mi justicia, y conforme a mi integridad. Fenezca ahora la maldad de los inicuos, mas establece tú al justo; Porque el Dios justo prueba la mente y el corazón. Mi escudo está en Dios, Que salva a los rectos de corazón. Dios es juez justo, y Dios está airado contra el impío todos los días (Salmo 7:6-9).

David oró por la vindicación y por el fin de la violencia que se estaba librando contra él. ¿Contestó

Dios su oración? Veamos si podemos averiguar si lo hizo y cómo, pero para hacerlo, tendrás que seguir leyendo.

ORACION CONTESTADA

David no estaba involucrado en lo que yo llamo oración ritual. Él no estaba presentando su tiempo de oración obediente como si le estuviera haciendo un favor a Dios o dándole a Dios algo que necesitaba. David estaba orando ferviente y urgentemente porque su vida dependía de ello. El propósito de Dios asignado a él dependía de ello. Su familia dependía de ello. David no estaba orando oraciones de "ahora me acuesto a dormir" ni estaba orando de acuerdo con algunas palabras o fórmulas predeterminadas. Él estaba gritando: "Ayúdame, Dios, o moriré". Yo diría que David estaba sumamente motivado para clamar y hacer que Dios escuchara su oración.

La buena noticia para David (y para nosotros) es que Dios no solo lo escuchó, sino que respondió como leemos en el Salmo 9:

> Te alabaré, oh Jehová, con todo mi corazón; Contaré todas tus maravillas. Me alegraré y me regocijaré en ti; Cantaré a tu nombre, oh Altísimo. Mis enemigos volvieron atrás; Cayeron y perecieron delante de ti. Porque has mantenido mi derecho y mi causa; Te has sentado en el trono juzgando con justicia. Reprendiste a las naciones, destruiste al malo, Borraste el nombre de ellos eternamente y para siempre. Los enemigos han perecido; han quedado desolados para siempre; y las ciudades que derribaste, Su memoria pereció con ellas (Salmo 9:1-6).

David entendió que la oración es una calle de doble sentido: David oraría en una dirección y Dios regresaría en la otra dirección con una respuesta.

Esa es una fórmula simple que debemos seguir y esperar. Nuestro trabajo no es solo orar; Nuestro trabajo es obtener respuestas a la oración.

PIDE CUALQUIER COSA

Jesús hizo una promesa sorprendente y radical en el evangelio de Juan. Primero dijo,

> "De cierto, de cierto os digo: El que en mí cree, las obras que yo hago, él las hará también; y aun mayores hará, porque yo voy al Padre. Y todo lo que pidiereis al Padre en mi nombre, lo haré, para que el Padre sea glorificado en el Hijo. Si algo pidiereis en mi nombre, yo lo haré" (Juan 14:12-14).

Tomados por sí mismos, esos versículos parecen prometer que Dios concederá cualquier petición que haga un creyente, pero por supuesto, ese no es el caso como explicó Santiago: "Pedís, y no recibís, porque pedís mal, para gastar en vuestros deleites." (Santiago 4: 3). El contexto de lo que Jesús dijo es el creyente que da fruto para el Reino de Dios y se repite para enfatizar en el siguiente capítulo: "No me elegisteis vosotros a mí, sino que yo os elegí a vosotros, y os he puesto para que vayáis y llevéis fruto, y vuestro fruto permanezca; para que todo lo que pidiereis al Padre en mi nombre, él os lo dé. Esto os mando: Que os améis unos a otros" (Juan 15:16-17).

En pocas palabras, esto significa que Dios te dará lo que necesites para cumplir tu propósito y dar fruto, pero tienes que tener claro lo que necesitas, pedir con fe y luego dar gracias, con el amor por los demás como motivación.

¿Estas? ¿Estás orando, es decir, y viendo respuestas? ¿Te estás haciendo responsable no solo de dedicar tiempo a la oración, sino también de hacer un seguimiento del progreso de tu petición de oración? ¿Puedes dar respuestas a oraciones que

**te ayudaron a cumplir tu propósito y a expresar tu
creatividad?**

Dios te está escuchando cuando oras. No des-
perdicies esos momentos en esa conexión divina en
peticiones frívolas y sin sentido, sino pon ante Dios
lo que necesitas para hacer Su obra. Si quieres hacer
grandes cosas, tienes que aprender a pedirle a Dios
grandes cosas. Al hacerlo, esté atento a Sus respuestas de acuerdo con la promesa que Jesús hizo para
todos y cada uno de los que creen en Él y desean dar
fruto.

PUNTO DE PODER PARA VIVIR #14

TU TRABAJO NO ES SOLO ORAR, SINO OBTENER RESPUESTAS A LAS ORACIONES PARA QUE PUEDAS DAR FRUTO Y CUMPLIR TU PROPOSITO.

ESTUDIO 68

SIN ESCONDERSE

¿Te has dado cuenta de la frecuencia con la que hemos hablado del miedo en esta serie y en las dos anteriores? Si bien es posible que te canses del tema, el Espíritu de Dios lo ha hecho con un propósito, porque no hay mayor enemigo para tu fe que el miedo. De hecho, la incredulidad no es la antítesis de la fe: el miedo lo es. El miedo, entonces, es el semillero de tu incredulidad. En el Salmo 11, vemos cómo David manejó la voz del miedo en su vida:

> En el Señor pongo mi confianza; ¿Cómo puedes decirle a mi alma: "En Jehová he confiado; ¿Cómo decís a mi alma, Que escape al monte cual ave? Porque he aquí, los malos tienden el arco, Disponen sus saetas sobre la cuerda, Para asaetear en oculto a los rectos de corazón. Si fueren destruidos los fundamentos, ¿Qué ha de hacer el justo? Jehová está en su santo templo; Jehová tiene en el cielo su trono; Sus ojos ven, sus párpados examinan a los hijos de los hombres. Jehová prueba al justo; Pero al malo y al que ama la violencia, su alma los aborrece. (Salmo 11:1-5).

Las voces internas y externas instaban a David a huir del peligro, así que examinemos cómo respondió David.

REFUGIARSE

Algunos creen que este salmo fue escrito cuando Saúl estaba tratando de matar a David, pero podría haber sucedido en cualquier momento de la vida de David, porque siempre estaba enfrentando el peligro de sus enemigos. Cuando llegó el consejo de huir, ya sea de los aliados o de la voz dentro de su propia cabeza, David examinó y respondió al pensamiento para poder llegar a la conclusión correcta de la fe. En el Salmo 11, vemos que concluyó: "¿A dónde puedo ir que Dios no esté allí? Él está conmigo dondequiera que vaya y está probando a los justos, pero se opone activamente a los malvados".

Es cierto que David huyó de la presencia de Saúl y luego, más tarde en su carrera, huyó por su vida de su hijo Absalón. Y leemos más adelante en el Nuevo Testamento que el apóstol Pablo tuvo que escapar de sus enemigos de vez en cuando. Pero en todos esos casos, la huida era el último recurso, porque David y Pablo habían confrontado sus temores, o tal vez es mejor decir que Dios los había ayudado a resolverlos. Ambos hombres vieron la realidad de su situación: que Dios era más grande que sus enemigos y usaron esa verdad para calmar y calmar su confusión interior.

MAS DE UNA FORMA DE ESCONDERSE

La mayoría de nosotros nunca nos enfrentaremos a enemigos mortales, esas personas que quieren acabar con nuestras vidas. Sin embargo, enfrentaremos críticos y perseguidores y tendremos que aprender a lidiar con ellos si vamos a hacer la voluntad de Dios. De todos tus oponentes, los más desalentadores se encuentran dentro, donde la duda, la baja autoestima, la falta de confianza y el miedo tienden a reproducirse y prosperar, cosas como el miedo al éxito, al fracaso, a la pobreza, al ridículo, a la insuficiencia, solo por nombrar algunos.

He escrito bastantes libros, pero cada vez que empiezo uno nuevo, tengo que luchar contra enemigos internos: "Esto no es bueno. Nadie compró el último, ¿quién va a comprar este? Has escrito esto antes". Publico regularmente en muchas plataformas de redes sociales, pero debo enfrentar el miedo diario de que nadie esté leyendo o que mi impacto sea pequeño, si no nulo. Cuando hablo en un nuevo lugar y/o a una nueva audiencia, tengo que controlar mi miedo. Si no hago todo eso, huiré y me esconderé, no escribiré, publicaré ni aceptaré invitaciones para hablar. Mi miedo, como el tuyo, desencadena dos respuestas internas: lucha o huida. Los amigos de David lo instaban a huir; En la mayoría de los casos, sin embargo, decidió luchar, aunque fuera solo con sus miedos internos.

¿Te estás escondiendo de lo que Dios te hizo ser? ¿Has sucumbido a las voces de tus amigos que no quieren que te decepciones cuando falles? ¿Estás huyendo de las voces internas que suenan tan racionales en cuanto a por qué este no es el momento de ir, escribir, crear, aprender, comenzar o construir?

Si vas a vivir una vida abundante, no puedes desperdiciar tu creatividad y energía en cómo no hacer lo que está en tu corazón. Enfréntate a tus miedos y luego determina (y es una decisión que puedes tomar) no esconderte, sino ser audaz al hacer lo que Dios te ha creado para hacer.

PUNTO DE PODER PARA VIVIR #15

RESISTE LA TENTACION DE ESCONDERTE O HUIR DEL GRAN TAMAÑO DE TU TAREA DE PROPOSITO.

ESTUDIO 69

LOS POBRES Y NECESITADOS

Es obvio que cuando David se sentó en su trono, tenía poder. De hecho, tenía poder antes de convertirse en rey debido a su habilidad con la honda, sus habilidades musicales y su carisma que hizo que la gente lo siguiera antes de que tuviera un título. El desafío que David enfrentó, y que usted enfrentará mientras se sienta en el trono de su propósito, es qué hacer con ese poder.

¿Construirás tu propio pequeño reino? ¿Usarás tu poder para metas egocéntricas, satisfaciendo tus propias necesidades, compensando el tiempo de tu vida en el que tenías poco o nada? ¿O lo usarás para empoderar y servir a los demás? David usó su posición y poder para abordar muchos asuntos, y uno de ellos era el estado de los pobres y necesitados, del cual él se consideraba uno de ellos. Examinemos eso en este capítulo, ¿de acuerdo?

LOS POBRES Y NECESITADOS

Desde los primeros salmos, vemos a David mencionar a los pobres y la preocupación de Dios por ellos:

> "Por la opresión de los pobres, por el gemido de los menesterosos, Ahora me

levantaré, dice Jehová; Pondré en salvo al que por ello suspira. Las palabras de Jehová son palabras limpias, Como plata refinada en horno de tierra, Purificada siete veces. Tú, Jehová, los guardarás; De esta generación los preservarás para siempre. Cercando andan los malos, Cuando la vileza es exaltada entre los hijos de los hombres (Salmo 12:5-8).

Luego leemos solo dos salmos más adelante: "Del consejo del pobre se han burlado, Pero Jehová es su esperanza" (Salmo 14:6). Más tarde se hace evidente que David estaba buscando al Señor acerca de los pobres porque se consideraba uno de ellos: "Aunque afligido yo y necesitado, Jehová pensará en mí. Mi ayuda y mi libertador eres tú; Dios mío, no te tardes" (Salmo 40:17).

A pesar de que David tenía la promesa de que gobernaría el reino, a pesar de que regularmente guiaba a sus tropas a la victoria, a pesar de que podía escribir poesía y canciones que otros cantaban, se veía a sí mismo como un hombre pobre que necesitaba la ayuda de Dios. En esta serie, hemos visto momentos en que David fue altivo y creyó "que su identidad era su reino", pero en su mayor parte, moderó los efectos del poder con una buena dosis de humildad expresada por el servicio a los demás, y esos otros incluían a aquellos que eran pobres e impotentes.

LOS POBRES Y NECESITADOS REVISITADOS

Pasemos al evangelio de Mateo, donde el ministerio público de Jesús comienza con lo que sabemos que son las Bienaventuranzas, que cuando te detienes y las examinas, son bastante similares a algunos de los salmos de David:

Ahora, cuando Jesús vio a las multitudes, subió a la ladera de una montaña y se sentó. Sus discípulos vinieron a él, y él comenzó a enseñarles. Él dijo: "Bienaventurados los pobres de espíritu, porque de ellos es el reino de los cielos" (Mateo 5:1-3).

¿Dónde comenzó Jesús con sus salmos? Comenzó mencionando a los pobres en espíritu, prometiendo que serían ellos los que heredarían el Reino de Dios. Dado que David heredó su reino, lo que dijo en el Salmo 40 debe haber sido cierto: él era realmente pobre y se veía a sí mismo como tal. Dios entonces tomó nota y pudo confiarle a David el poder y la autoridad para ser rey, sabiendo que no serían su perdición.

¿Eres pobre de espíritu? ¿Te das cuenta de tu profunda necesidad de Dios en medio de tu situación? Si aún no has sido promovido, ¿entiendes tu necesidad de que Dios intervenga en tu humilde situación? ¿Ves Su intervención como una expresión de Su gracia? Si has sido promovido, ¿ayudas a otros, recordando cómo era estar dónde están? ¿Has encontrado el equilibrio entre depender de Dios y también ser el líder fructífero que Él requiere?

La clave en todo esto es recordar de dónde vienes y quién eres ante el Señor, y luego entrar en tu propósito no como alguien que se lo ha ganado, sino como alguien que está decidido a aprovecharlo al máximo.

PUNTO DE PODER
PARA VIVIR #16

USA TU TRONO DE PROPOSITO COMO UN MEDIO PARA SERVIR A LOS DEMAS.

ESTUDIO 70

PENSAMIENTO LIMITANTE

La gente me pregunta regularmente cómo he podido hacer lo que he hecho: escribir libros, publicar libros, viajar, hablar, presencia diaria en las redes sociales y enseñar. Mi respuesta es más o menos la misma, ya que comparto con ellos mi viaje durante los últimos 20 años para enfrentar y reemplazar el pensamiento de limitación. ¿Qué es el pensamiento limitativo? Me alegro de que lo hayas preguntado, pero para obtener la respuesta, ya sabes lo que hay que hacer: tendrás que seguir leyendo.

LUCHA

Esta serie te está equipando para vivir la vida abundante que Jesús te prometió que tendrías. No se trata de prosperidad o abundancia de cosas, sino de una vida que da mucho fruto para el reino y la gloria de Dios. Cada capítulo, presento un Punto de Poder para vivir que resume la lección mientras estudiamos la vida de David en busca de pistas para identificar el Punto de Poder. En este capítulo, vayamos al Salmo 13 para ver otro lamento de David:

> Oh Señor, ¿hasta cuándo te olvidarás de mí? ¿Será para siempre? ¿Hasta cuándo mirarás hacia otro lado? ¿Hasta cuándo

tendré que luchar con angustia en mi alma, con tristeza en mi corazón día tras día? ¿Hasta cuándo mi enemigo seguirá dominándome? (Salmos 13:1-2, NTV).

David estaba clamando a Dios debido a lo que David consideraba su falta de atención a la difícil situación de David. En esos versículos, note que David estaba "luchando" con sus pensamientos que producían tristeza diaria. Afortunadamente, David ganó el combate de lucha libre, porque leemos: "Pero yo confío en tu amor inagotable; me alegraré porque me has rescatado. Cantaré al Señor porque él es bueno conmigo" (Salmo 13:5-6).

Muchas personas no toman un papel activo en su proceso de pensamiento. Asumen que están atrapados con y en sus pensamientos ansiosos, temerosos, preocupantes y negativos sin más recurso que ceder a su destino natural de ansiedad, miedo y preocupación, con efectos paralizantes. Sin embargo, no eres víctima de tus pensamientos a menos que quieras serlo, porque si aprendes a luchar contra ellos para

EL PROCESO

El primer paso para luchar con tus pensamientos es reconocer que los tienes e identificarlos por lo que son. Hace veinte años, tuve que reconocer que tenía miedo, incluso aterrorizado, de mi propia creatividad. Por lo tanto, me escondí de él e inventé excusas de por qué lo mantuve en una jaula bajo llave donde nadie, ni siquiera yo, podía acceder a él. Una vez que reconocí que tenía miedo, determiné por qué. El miedo al éxito era en realidad la causa, porque temía que mi éxito condujera a la crítica y al fracaso final cuando no podía manejar el aumento de mi éxito.

Una vez que tuve eso en su lugar, tuve que reemplazar esos pensamientos de miedo con nuevos pensamientos. Eso no sucedió de la noche a la mañana porque no fueron plantados y no echaron raíces y eventualmente dieron frutos de la noche a la mañana. Fue un combate cuerpo a cuerpo, ya que todos los días, a veces todo el día, tuve que decirme a mí mismo: "Así es como solía pensar, pero Dios no me ha dado un espíritu de temor. Estoy seguro de que Él me ha equipado para ser fructífero y creativo. ¡Soy una persona creativa!"

Luego comencé a establecer nuevas metas que eran más consistentes con mis nuevos pensamientos. En lugar de establecer una meta para escribir un libro al año, la aumenté a dos, luego a tres, luego a más. Finalmente, en el primer año de la pandemia, escribí y publiqué siete libros. Y ahora he aplicado ese mismo proceso a cada área de la vida. Confronté y lidié con mi pensamiento limitante no solo a mí sino también a Dios. Nunca volveré a las viejas costumbres.

Para estudiar más sobre este asunto, lea Romanos 8:1-17 y 12:1-2, y luego 2 Corintios 10:4-5 para ver cómo el Espíritu de Dios lo ayudará con este proceso tal como Él me ayudó a mí. Pero debes estar dispuesto a hacer tu parte tan a menudo como sea necesario para reemplazar tus pensamientos limitantes con los pensamientos espirituales que son el semillero de tu vida abundante.

PUNTO DE PODER
PARA VIVIR #17

LUCHA Y SUPERA
TUS PENSAMIENTOS
QUE TE LIMITAN
O TE PROHIBEN VIVIR
UNA VIDA ABUNDANTE.

ESTUDIO 71

UNA LISTA DE COSAS POR HACER PARA TODA LA VIDA

Hemos estado buscando pistas para ayudarte a vivir una vida abundante y vencedora, como Jesús prometió, mientras ocupas el trono de la vida con propósito que Dios te ha asignado. En este capítulo, echemos un vistazo rápido a una "lista de cosas por hacer" de la vida, compuesta por comportamientos y actitudes que David mencionó y que parecen encajar con nuestra búsqueda:

> Jehová, ¿quién habitará en tu tabernáculo? ¿Quién morará en tu monte santo? El que anda en integridad y hace justicia, y habla verdad en su corazón. El que no calumnia con su lengua, Ni hace mal a su prójimo, Ni admite reproche alguno contra su vecino. Aquel a cuyos ojos el vil es menospreciado, Pero honra a los que temen a Jehová. El que aun jurando

en daño suyo, no por eso cambia; Quien su dinero no dio a usura, Ni contra el inocente admitió cohecho. El que hace estas cosas, no resbalará jamás (Salmo 15).

A lo que me refiero como su 'trono' David se refiere como 'morar en la tienda sagrada [de Dios]' o 'vivir en [Su] monte santo'. No sé ustedes, pero esos lugares suenan como buenos lugares para pasar el rato, así que veamos lo que David dijo que tenemos que hacer o ser para residir allí.

LA LISTA DE ONCE

Identifico once cosas del Salmo 15 que deberían ser parte de cualquier estilo de vida abundante:

1. *Camina sin culpa.* Esto no significa que seas perfecto; Significa que reconoces y haces las paces cuando no lo eres.

2. *Hace lo que es justo.* Eso significa que sabes qué hacer, la voluntad de Dios, y luego hazlo.

3. *Dice la verdad desde el corazón.* No pretendes ser quien no eres, incluso si lo que no eres no es todo lo que tú o Dios quieren que seas.

4. *No calumnia ni insulta a otros.* No hablas mal de los demás. Si tienes algo que decir, se lo dices. También mantienes tu discurso libre de comentarios sarcásticos, cinismo y sarcasmo.

5. *No le hace mal a su prójimo.* Esto lleva a la pregunta: "¿Quién es mi prójimo?" que Jesús respondió en la parábola del Buen Samaritano. Tu prójimo es alguien con una necesidad que encuentras a lo largo del camino de tu vida.

6. *Desprecia a una persona vil.* No te unes para celebrar lo que tu cultura exalta, sino que Dios desprecia.

7. *Honra a los que temen al Señor.* Eres parte de una comunidad redimida de creyentes de ideas afines.

8. *Cumple la palabra.* Sigues adelante con lo que dices que harás por ti mismo, por los demás y por Dios.

9. *No cambia de opinión.* No eres de doble ánimo, pero tienes un conjunto de valores por los que vives en los buenos y malos tiempos.

10. *Préstamos a los pobres.* Estás lo suficientemente cerca de los necesitados para que puedas reconocer su necesidad y luego ayudar a satisfacerla.

11. *No acepta sobornos.* Usted defiende la justicia y la equidad incluso cuando lo mejor para usted es no hacerlo, renunciando a la mejora personal o al beneficio de defender lo que es correcto.

AUTOEXAMEN

¿Quién no querría casarse con alguien que manifiesta los rasgos en esta larga lista? ¿Quién no querría un cónyuge o amigo o compañero de trabajo o empleador o empleado que vive estos valores y comportamientos? La respuesta, por supuesto, ¿Quién no lo querría?, pero tu trabajo no es encontrar gente así. Tu trabajo es ser una persona así, ser el que cumple sus promesas, que solo ofrece palabras alentadoras y positivas, que ayuda a los necesitados, que no solo habla de lo que cree, sino que lo vive.

Para ayudarte a hacer eso, te sugiero que vuelvas a leer la lista de once y te des una puntuación de uno a cinco en cada uno, siendo uno el peor y cinco el mejor. Ahora examine la lista. **¿Cuáles son sus impresiones? ¿Dónde necesitas algo de trabajo? ¿Dónde estás y donde quieres estar? ¿Dónde te quedas corto?** La lección, por supuesto, es que siempre hay algo en lo que trabajar en tu vida que te ayudará a vivir una vida abundante. Tus puntajes más bajos te dan una idea de las cosas en las que Dios necesita ayudarte a trabajar, y tus puntajes más altos son cosas que puedes maximizar para ser efectivo en el reino de Dios.

Alguien dijo una vez: "La vida no examinada no vale la pena vivirla, pero la vida no vivida no vale la pena examinarla". Te insto a vivir una vida abundante, pero a medida que lo hagas, te examines a ti mismo para que puedas llegar a una mayor abundancia.

PUNTO DE PODER PARA VIVIR #18

EXAMINATE PARA ASEGURARTE DE QUE ESTAS VIVIENDO DE ACUERDO CON LOS VALORES, ACTITUDES Y COMPORTAMIENTOS QUE TE LLEVARON A DONDE ESTAS HOY.

ESTUDIO 72

"MANTENME A SALVO MIENTRAS AVANZO"

Hay tantos salmos hermosos que es difícil identificar alguno que se destaque del resto. Lo que a menudo los hace especiales es el mensaje que nos traen en nuestros momentos de necesidad, o las palabras que necesitamos para alabar u orar al Señor. Echemos un vistazo al Salmo 16 *en este capítulo*, mientras continuamos buscando comportamientos y actitudes que nos ayudarán a vivir la vida abundante:

Guárdame, oh Dios, porque en ti he confiado. Oh alma mía, dijiste a Jehová: Tú eres mi Señor; No hay para mí bien fuera de ti." ... Jehová es la porción de mi herencia y de mi copa; Tú sustentas mi suerte. Las cuerdas me cayeron en lugares deleitosos, y es hermosa la heredad que me ha tocado. Bendeciré a Jehová que me aconseja; Aun en las noches me enseña mi conciencia. A Jehová he puesto siempre delante de mí; Porque está a mi diestra, no seré conmovido. ... Me mostrarás la senda de la vida; En tu presencia hay plenitud de gozo; Delicias a tu diestra para siempre (Salmo 16:1-2, 5-8, 11).

Hay tanto en esos versículos, así que comencemos a ver el título del mensaje de este capitulo, "Mantenme a salvo mientras avanzo".

RESUMEN GENERAL

David comenzó declarando que "aparte de ti [Dios] no tengo nada bueno, tú eres mi porción y mi copa". Siempre es bueno recordar que cuando estamos en Cristo, tenemos la posesión más preciosa de todas. Muchos usan esto para menospreciar quiénes son, recordándose a sí mismos su estado sin valor, pero yo lo veo de manera diferente. Dios está conmigo, Él está en mí, y eso me hace único, con un valioso depósito de los dones y la gracia de Dios que debo compartir.

Entonces David declaró que "sus líneas fronterizas y herencia han caído [a él] en lugares especiales". Su tarea y la mía son una delicia. Estamos donde tenemos que estar, haciendo lo que tenemos que hacer. No *tenemos que* hacer esto y vivir en ello, *podemos* hacerlo. Es un privilegio y uno que debemos disfrutar, por lo que David usó la palabra *delicioso.*

Lo que es más, Dios está con nosotros como lo estuvo con David. Su Espíritu vive en nosotros y nos aconseja e instruye incluso mientras dormimos. Él quiere que conozcamos Su voluntad, tanto el panorama general como los pasos más pequeños para que suceda. Él no está tratando de engañarnos o guiarnos erradamente. Debido a esto, David dijo: "Siempre mantengo mis ojos en el Señor" y proclamó: "No seré sacudido". Por supuesto, eso significaba que vendría temblor, pero David declaró con fe que no lo afectaría.

FELIZ VIAJE

Sin embargo, el punto que quiero enfatizar en este capítulo es cómo comienza y termina el salmo.

David comenzó orando: "Guárdame a salvo, Dios mío, porque en ti me refugio. Eso no significaba que David estuviera escondido en algún lugar de una fortaleza. Él no jugó a lo seguro como el medio por el cual Dios lo mantendría a salvo. ¿Cómo lo sabemos? Lo sabemos porque David terminó el salmo orando: "Tú me das a conocer el *camino de la vida*".

La gente usa caminos para ir de un lugar a otro y David estaba diciendo: "Espero moverme, Señor, estar haciendo cosas e ir a lugares. Mantenme a salvo a medida que avanzo. Eres mi protección, mi escudo, mi fortaleza móvil mientras te sirvo a ti y al pueblo".

¿Te estás escondiendo de ser quién eres y de lo que debes hacer, pensando que eso te mantendrá a salvo? ¿O estás orando: "Mantenme a salvo mientras voy, Señor"? ¿Estás reduciendo tu mundo y tus oportunidades, tratando de mantenerte a salvo o las estás expandiendo porque Dios es tu refugio y protector?

Dios sabe cómo guardarte de los problemas y cómo preservarte en los problemas mientras sigues Su voluntad. Determine de una vez por todas que sus tiempos están en Sus manos y actúe en consecuencia mientras busca cumplir tu propósito hoy y todos los días.

PUNTO DE PODER PARA VIVIR #19

■——□——■

DIOS QUIERE QUE CONOZCAS SU VOLUNTAD PARA QUE PUEDAS CUMPLIRLA, Y ESO SIGNIFICA QUE PUEDES BUSCAR Y CONTAR CON SU GUIA, INCLUSO MIENTRAS DUERMES.

ESTUDIO 73

VINDICACIÓN

Es interesante que David estaba en tantos problemas como lo estaba a pesar del hecho de que era el ungido de Dios y Dios estuvo con él durante toda su vida. Eso puede darte una indicación de que, aunque Dios esté contigo, probablemente te encontrarás con la misma dinámica, problemas, mientras buscas vivir la vida abundante que Dios prometió. David oró,

De tu presencia proceda mi vindicación; Vean tus ojos la rectitud. Tú has probado mi corazón, me has visitado de noche; Me has puesto a prueba, y nada inicuo hallaste; He resuelto que mi boca no haga transgresión (Salmo 17:2-3).

También tendrás que aprender a confiar en el Señor para la vindicación mientras te sientas en el trono de tu propósito. Veamos cómo hacerlo en este estudio.

ÉCHAME UN VISTAZO

David fue acusado de hacer o estar equivocado, y los cargos eran tan complicados y complejos que solo tenía una opción, confiar en el Señor para limpiar su nombre. Y mientras esperaba que eso sucediera, se dio cuenta de que Dios iba a usar el tiempo para "revisarlo" para ver si había algo específico en la vida y el carácter de David que tenía que desaparecer.

Si vas a vivir la vida abundante, tienes que aceptar que a medida que hagas más, tocarás a más personas, algunas de las cuales no estarán de humor para celebrar tu éxito o papel. Ellos criticarán, encontrarán fallas, y tal vez se opondrán activamente al papel que Dios te ha asignado. Cuando eso sucede, primero debes mirarte a ti mismo para ver si Dios está abordando algo en tu vida que necesite ser ajustado para que Él pueda promoverte aún más. Más tarde leemos que David oró,

> "Examíname, oh Dios, y conoce mi corazón; Pruébame y conoce mis pensamientos; y ve si hay en mí camino de perversidad, y guíame en el camino eterno" (Salmo 139:23-24).

David estaba invitando a la presencia de Dios para corregirlo y ajustarlo como Dios lo considerara conveniente. Eso requiere coraje y fe, pero es un paso necesario en el proceso de tu vida.

VINDICACION

Seamos claros en cuanto a lo que significa vindicación: "la acción de limpiar a alguien de culpa o sospecha". David tuvo que ser paciente y esperar a que Dios limpiara su nombre. No podía tomar el asunto en sus propias manos y hacer eso por sí mismo. Tuve una experiencia similar cuando hice una transición de un ministerio al que había servido durante muchos años. Cuando me fui, hubo muchas acusaciones de mis fechorías que estaban más allá de mi capacidad de abordar. Quién sabe, tal vez algunos de ellos fueron ciertos para quién puede pararse y decir que fueron prefectos en cualquier situación emocionalmente cargada.

Entonces, un día, sentí que el Señor me hacía una pregunta que me dio una opción: "Tengo dos opciones para ti. Una opción es que te reivindicaré. La otra es que te daré oportunidades ministeriales.

¿Cuál quieres?" Era una propuesta tan inusual que sabía que tenía que ser el Señor, no podría haberlo inventado.

Después de algunas negociaciones menores con el Señor para ver si podía obtener un poco de ambos (no podía), elegí las operaciones ministeriales. Dios ha sido fiel y ha provisto esas oportunidades mientras yo confiaba en Él por mi reputación. La solución de Dios fue llevarme lejos del ministerio que conocía a lugares que no conocían ni se preocupaban por mi pasado, solo por lo que aprendí de él que podría ayudarlos. Nunca me han faltado lugares para expresar mis dones ministeriales y ahora puedo decir lo que David dijo al final del Salmo 17: "En cuanto a mí, veré tu rostro en justicia; Estaré satisfecho cuando despierte a tu semejanza." (versículo 15).

No complacerás a todos en tu camino hacia la cima de tu escalera de propósitos, pero puedes descansar en la verdad del Salmo 135:14: "Porque Jehová juzgará a su pueblo,y se compadecerá de sus siervos".

PUNTO DE PODER PARA VIVIR #20

MANTEN TU ENFOQUE
EN DAR FRUTO Y CONFIA
EN ÉL PARA PROTEGER
TU NOMBRE O PARA
ESTABLECERLO EN LOS
LUGARES QUE ÉL ELIJA,
NO EN EL TUYO.

ESTUDIO 74

PÉRDIDA DE MEMORIA A CORTO PLAZO

Eres una persona poderosa en el Señor porque llevas el poder de Dios a través de la presencia de Su Espíritu. Es más, lo has demostrado una y otra vez, pero puede que no te des cuenta de que lo has hecho. Algunos "expertos" dicen que pasamos por nuestros éxitos y victorias demasiado rápido y, por lo tanto, no podemos extraer todas las lecciones de esos resultados. Para los creyentes, estas victorias se llaman nuestros testimonios de cómo Dios se movió y obró en nuestras vidas para llevar a cabo Su propósito.

David no cayó en esta trampa, sino que relató su pasado en el Señor como un medio de adoración:

> Extendió la mano desde lo alto y me tomó; me sacó de las muchas aguas. Me libró de mi poderoso enemigo, y de los que me aborrecían, pues eran más fuertes que yo. Se enfrentaron a mí el día de mi infortunio, mas el Señor fue mi sostén. También me sacó a un lugar espacioso; me rescató, porque se complació en mí (Salmo 18:16-19).

Cuando leas el Salmo 18 en su totalidad, verás que está dedicado a David relatando su historia de Dios. ¿Por qué es importante que usted haga lo mismo? Me alegra que hayas preguntado, pero para la respuesta, tendrás que seguir leyendo.

FACIL DE OLVIDAR

A alguien con algo llamado pérdida de memoria a corto plazo le resulta difícil recordar lo que ocurrió recientemente. Los judíos tenían este problema espiritual cuando salieron de Egipto. Vieron a Dios dividir el Mar Rojo, pero poco después, leemos lo siguiente:

> Y toda la congregación de los hijos de Israel murmuró contra Moisés y contra Aarón en el desierto. Y los hijos de Israel les decían: Ojalá hubiéramos muerto a manos del Señor en la tierra de Egipto cuando nos sentábamos junto a las ollas de carne, cuando comíamos pan hasta saciarnos; pues nos habéis traído a este desierto para matar de hambre a toda esta multitud (Éxodo 16:2-3).

Esta no fue la última vez que la gente entró en pánico cuando las cosas no salieron de acuerdo a su gusto a pesar de que Dios se había probado a sí mismo para ellos. Eventualmente, les costó su oportunidad de entrar en la Tierra Prometida cuando rechazaron el informe positivo de Josué y Caleb y en su lugar respaldaron el informe negativo de los otros diez espías. En ese momento, Dios había tenido suficiente y bloqueó su entrada en la tierra que fluye leche y miel. La gente nunca estuvo dispuesta o fue capaz de basar el viaje de hoy en las lecciones de ayer. Tenían un "¿qué has hecho por nosotros últimamente, Dios?" y se olvidaron del pasado a la luz de sus dilemas presentes.

El objetivo de esta serie es ayudarte a

identificar lo que llamo Diapositivas para vivir, pasos que pueden ayudarte a vivir la vida abundante que Jesús te prometió vivir: "El ladrón solo viene para robar y matar y destruir; yo he venido para que tengan vida, y para que la tengan en abundancia." (Juan 10:10). Sin embargo, si vas a vivir la vida abundante, tendrás que recordarte a ti mismo tus victorias y testimonios a lo largo del camino para estimular y nutrir tu fe en cosas más grandes y mejores. Así es como puede hacerlo.

DOS LISTAS

Tengo una tarjeta de índice que llevo junto con mis objetivos que tiene dos listas. Uno incluye diez de mis victorias y éxitos que me traen una sonrisa a la cara cada vez que los leo. Incluyen escribir mis libros, obtener mi Doctorado en Ministerio Cristiano cuando tenía 61 años y escribir mi comentario del Nuevo Testamento de 12 volúmenes. Luego, justo al lado de mis éxitos, tengo una lista de fracasos o al menos cosas difíciles por las que pasé con la ayuda de Dios. Estos incluyen dejar una iglesia con la que había estado conectado durante 27 años, algunos fracasos financieros y algunas de mis conferencias más difíciles que planeé.

Incluyo esa segunda lista porque cuando la leo, recuerdo que Dios me trajo a través de esas cosas y puede llevarme a través de cosas similares que estoy experimentando hoy. En cierto sentido, esas dos listas son mi Salmo 18. Son mi intento, como lo hizo David, de mantener la presencia de Dios fresca en mi mente para no dudar de Su fidelidad. Y ahora es tu turno. Estoy incluyendo una foto de mi tarjeta, pero no espero que tenga sentido para ti, solo para mí.

En una hoja de papel o tarjeta (o en su teléfono), primero enumere diez de sus éxitos y victorias más satisfactorios. Podría ser que terminaste álgebra de la escuela secundaria con una calificación aprobatoria. No tienen que ser eventos que sacudan la tierra, pero fueron eventos significativos para ti. Luego enumera otras diez cosas que cuando pasaste por ellas, pensaste que ibas a morir, pero no lo hiciste, o nunca te recuperaste, pero lo hiciste. Luego lea esas listas todos los días de esta semana junto con el Salmo 18, alabando al Señor y agradeciendo a Dios mientras lee. Es posible que desee componer su propio salmo de adoración que surja de su revisión diaria de la lista.

¿Sufres de pérdida de memoria a corto plazo en lo que respecta al Señor? Si es así, siga adelante con mi ejercicio prescrito hoy. Si no sufres de tal pérdida, todavía te recomiendo que produzcas tus listas, porque solo te harán más fuerte y comprometido con Dios y Su propósito en tu vida basado en Su fidelidad, pasada y presente.

PUNTO DE PODER
PARA VIVIR #21

ESFUERZATE POR
PRESERVAR LA MEMORIA
DE LA FIDELIDAD
DE DIOS HACIA
TI EN TIEMPOS
BUENOS O DIFICILES.

ESTUDIO 75

USANDO EL NOMBRE

Este libro, *Punto de Poder para Vivir*, está diseñado para examinar la vida de David en busca de lecciones que podamos aplicar que nos ayuden a vivir la vida abundante que Jesús vino a darnos. Para muchas de nuestras lecciones, hemos visto los salmos de David y este capítulo no es una excepción:

> Ahora sé esto: El SEÑOR da la victoria a su ungido. Ahora conozco que Jehová salva a su ungido; Lo oirá desde sus santos cielos Con la potencia salvadora de su diestra. Estos confían en carros, y aquellos en caballos; Mas nosotros del nombre de Jehová nuestro Dios tendremos memoria. Ellos flaquean y caen, Mas nosotros nos levantamos, y estamos en pie. Salva, Jehová; Que el Rey nos oiga en el día que lo invoquemos! (Salmo 20:6-9).

En este salmo, David resumió una lección que había aprendido y esa lección involucraba la victoria reservada para el ungido de Dios. Profundicemos en esto un poco más a fondo para ver lo que el Espíritu estaba tratando de decirnos a través de David.

PIEZA A PIEZA

¿Qué podemos aprender de esos pocos versículos?

1. David escribió acerca sobre lo que sabía. Había experimentado los caminos de Dios y estaba seguro de su fiabilidad.

2. David también sabía que era el ungido de Dios, lo que simplemente significa que Dios estaba con él para lograr su propósito.

3. Cuando David oró, esperaba que Dios respondiera.

4. La respuesta de oración de Dios involucró victoria y poder.

5. David era un veterano militar hábil y condecorado, pero no confiaba en su "hardware" militar para traer la victoria.

6. David tuvo acceso para usar el nombre de Dios y lo hizo eficazmente para lograr victoria tras victoria.

7. Aquellos que confiaban en "carros y caballos" fueron derribados. David esperaba 'levantarse y mantenerse firme'.'

Podríamos dedicar un capítulo entero a cada uno de estos puntos, pero esa no es la dirección que vamos a seguir. En su lugar, centrémonos en uno de esos puntos de resumen: el número seis.

EL NOMBRE

Se nos ha enseñado que quebrantar el tercer mandamiento, "No hagas mal uso del nombre del Señor tu Dios, pues él no dejará sin castigo al que use mal su nombre" (Éxodo 20:7) significaba no usar el nombre de Dios de alguna manera maldita o casual. Si bien esos no son apropiados, eso no es a lo que se refiere el mandamiento. Significa que aquellos que llevan el nombre de Dios, que son identificados como Su pueblo, no deben usar Su nombre sin ningún efecto.

Por ejemplo, Jesús enseñó: "Y todo lo que ustedes pidan *en mi nombre*, yo lo haré, para que por el Hijo se muestre la gloria del Padre. Yo haré cualquier cosa que en mi nombre ustedes me pidan" (Juan 14:13-14, énfasis añadido). Tener el nombre y no utilizarlo en oración para obtener lo que necesitas para hacer la voluntad de Dios es un desperdicio del nombre.

Los discípulos entendieron esto, porque leemos en Hechos:

> "Pero Pedro le dijo: No tengo plata ni oro, pero lo que tengo te doy: *en el nombre de Jesucristo de Nazaret*, levántate y anda. Dicho esto, Pedro lo tomó por la mano derecha y lo levantó, y en el acto cobraron fuerzas sus pies y sus tobillos. El paralítico se puso en pie de un salto y comenzó a andar; luego entró con ellos en el templo, por su propio pie, brincando y alabando a Dios" (Hechos 3:6-8, énfasis añadido).

Hicieron algo en el nombre de Jesús, usando el poder detrás de ello para difundir Su gloria y amor.

David escribió en el Salmo 20: "Confiamos en el nombre del SEÑOR nuestro Dios". ¿Cómo demostró su confianza? ¿Qué hizo con el nombre? Cuando se enfrentó a Goliat, dijo: "David le contestó:—Tú vienes contra mí con espada, lanza y jabalina, pero yo voy contra ti *en nombre del Señor todopoderoso*, el Dios de los ejércitos de Israel, a los que tú has desafiado" (1 Samuel 17:45, énfasis añadido). Una vez más, vemos a alguien que no se identifica con el Nombre de una manera doctrinal, sino de una manera proactiva.

¿Y tú? Tienes acceso al mismo nombre que Pedro y David. ¿Qué estás haciendo con el Nombre? ¿Estás pidiendo cosas frívolas o ninguna cosa en absoluto en el Nombre? ¿Estás tratando de usar el Nombre para obtener lo que quieres o para encontrar y financiar lo que Dios quiere que hagas?

En los próximos días, pregúntese qué está haciendo o qué está dispuesto a hacer con el Nombre, y luego ore como lo hizo David: "Da la victoria al rey. ¡Respóndenos cuando te llamemos"!

PUNTO DE PODER
PARA VIVIR #22

TOMA EL NOMBRE
DEL SEÑOR Y APLICALO
DE UNA MANERA
PODEROSA Y
SIGNIFICATIVA.

ESTUDIO 76

TU CORAZÓN IMPORTA

Sigamos examinando la vida de David en busca de principios que podamos aplicar a la nuestra para vivir lo que Jesús llamó la vida abundante. Los principios que identificamos los he etiquetado *como Puntos de Poder para la Vida* y, como lo hemos hecho durante la mayor parte de este libro, quedémonos en los salmos:

> El rey se alegra en tu poder, oh Jehová; y en tu salvación, ¡cómo se goza! Le has concedido el deseo de su corazón, y no le negaste la petición de sus labios. Selah (Salmo 21:1-2).

David mencionó que Dios le concedió los deseos de su corazón, un concepto que extendió a otros en el Salmo 37:

> Confía en Jehová, y haz el bien; y habitarás en la tierra, y te apacentarás de la verdad. Deléitate asimismo en Jehová, y él te concederá las peticiones de tu corazón (Salmo 37:3-4).

Los deseos del corazón. ¿Qué significa esto? ¿Cómo es esto posible? ¿Se puede confiar en el corazón? ¿Es esta una bolsa de golosinas que están disponibles para todos y cada uno de los que invocan Su nombre? Son muchas preguntas, así que será mejor que nos ocupemos de encontrar algunas respuestas. Comencemos

ZONA DE PELIGRO

Regularmente escucho un comentario o leo algo que nos advierte que tengamos cuidado cuando se trata de nuestro corazón. Se nos recuerda que el corazón es malvado y malvado y no se puede confiar en él. La razón de esta precaución se encuentra en Jeremías 17:9, donde el Señor le dijo al profeta: "Engañoso es el corazón más que todas las cosas, y perverso; ¿quién lo conocerá?" ¿Quién puede discutir eso? Tenemos suficiente experiencia de vida para saber que hacer lo que está en el corazón de uno ha traído y puede traer consecuencias negativas a largo plazo. Prestamos atención a la advertencia y, por lo tanto, no confiamos en lo que hay en nosotros, solicitando y exigiendo confirmación tras confirmación antes de que siquiera comencemos a confiar o escuchar lo que nuestro corazón puede estar diciéndonos.

El problema con todo esto es que prestamos atención a la advertencia en Jeremías 17:9 sin pasar al siguiente versículo, donde el Señor respondió Su propia pregunta: "Yo Jehová, que escudriño la mente, que pruebo el corazón, para dar a cada uno según su camino, según el fruto de sus obras." (Jeremías 17:10). Parecería por el contexto que Dios evalúa los asuntos de nuestro corazón y no todos pueden ser malos, de lo contrario no habría nada que recompensar. Dios podría haber dicho: "Voy a castigar todas las obras que emanan de tu corazón, lo cual es malo y está más allá de la esperanza". Eso no es lo que Él dijo.

Luego leemos lo que David escribió en los Salmos 21 y 37. Parece por esos versículos que hay algún remanente de esperanza para nuestro corazón, pero ¿cómo podemos saber cuándo confiar en él? La clave no es detenerse en lo que dice Jeremías 17:9-10, sino leer qué más dijo el Señor que pertenece al corazón.

UN NUEVO CORAZON

El Señor prometió que haría algo nuevo en nuestro corazón cuando presentara un nuevo convenio:

> "He aquí que vienen días, dice Jehová, en los cuales haré nuevo pacto con la casa de Israel y con la casa de Judá. No como el pacto que hice con sus padres el día que tomé su mano para sacarlos de la tierra de Egipto; porque ellos invalidaron mi pacto, aunque fui yo un marido para ellos, dice Jehová. Pero este es el pacto que haré con la casa de Israel después de aquellos días, dice Jehová: Daré mi ley en su mente, y la escribiré en su corazón; y yo seré a ellos por Dios, y ellos me serán por pueblo" (Jeremías 31:31-33).

Parece que Dios prometió anular el sistema operativo de nuestro viejo corazón con un nuevo script, un nuevo código si piensas en terminología informática. Por lo tanto, algunas cosas en nuestros corazones pueden ser buenas, registradas allí en la propia letra de Dios, pero eso aún puede significar que tenemos un odre viejo de corazón y Jesús dijo que el vino nuevo no puede entrar en un odre viejo o la piel estallará. Dios se encargó de ese problema como se le explicó al profeta Ezequiel:

> "Y yo os tomaré de las naciones, y os recogeré de todas las tierras, y os traeré a vuestro país. Esparciré sobre vosotros agua limpia, y seréis limpiados de todas vuestras inmundicias; y de todos vuestros ídolos os limpiaré. Os daré corazón nuevo, y pondré espíritu nuevo dentro

de vosotros; y quitaré de vuestra carne el corazón de piedra, y os daré un corazón de carne" (Ezequiel 36:24-26).

UN NUEVO PACTO

Así que Dios prometió un nuevo pacto, cuyos términos escribiría en nuestros corazones, y prometió un nuevo corazón que no sería de piedra sino de carne. Este nuevo corazón no fue dado a Israel en el contexto de la Ley y el Templo, sino que fue hecho en el poder del Espíritu hecho posible por el sacrificio de Jesús en la cruz. Si todo esto es cierto y ha sucedido, entonces ciertamente podemos confiar en nuestro nuevo corazón y en lo que hay en él porque podemos confiar en su creador, pastor, cirujano y consejero.

El Señor es el que obra en nuestros corazones y estoy aprendiendo a confiar en el Dios de mi corazón y, en consecuencia, en los deseos de mi corazón. Si está en mi corazón escribir, escribo. Si está en mi corazón ir, voy. Si está en mi corazón ayudar, ayudo. Si está en mi corazón dar, doy. Dios no está tratando de engañarme y el viejo corazón que todavía aparece de vez en cuando está siendo gradualmente reformado y sobrescrito con mensajes de amor y directivas del Señor.

En la vida abundante, tu corazón importa. David aprendió a esperar que los asuntos de su corazón se cumplan y tú también puedes, pero solo si aceptas el hecho de que algo de lo que te han enseñado sobre el corazón está equivocado. La verdad es que no se puede confiar en tu corazón, pero el Dios de tu corazón puede serlo.

PUNTO DE PODER PARA VIVIR #23

SIGUE TU CORAZON,
PORQUE DIOS ESTA
GUIANDO SUS DESEOS
Y SUPERVISANDO
SU EXPRESION.

ESTUDIO 77

CONFIANZA TOTAL

Cuando era niño, comenzábamos todos los días en la escuela con una lectura de la Biblia, y era una escuela pública (vaya, cómo han cambiado los tiempos). Desde que éramos niños, la mayoría de nosotros no sabíamos nada de la Biblia, por lo que a menudo elegíamos el único pasaje que conocíamos y ese era el Salmo 23. Solo tiene seis versículos, pero sus palabras han consolado a muchos a lo largo de los siglos y es un buen lugar para que vayamos en este capítulo mientras buscamos pistas sobre cómo David vivió una vida abundante. Veamos dos versículos:

> Aunque ande en valle de sombra de muerte, No temeré mal alguno, porque tú estarás conmigo; Tu vara y tu cayado me infundirán aliento. Aderezas mesa delante de mí en presencia de mis angustiadores; Unges mi cabeza con aceite; mi copa está rebosando (Salmo 23:4-5).

TUS ENEMIGOS

Tus enemigos no aparecen hasta que te tomas en serio hacer la voluntad de Dios. Considere estos ejemplos de la Biblia. Génesis, José enfrentó la enemistad de sus hermanos cuando compartió sus sueños con ellos. David incurrió en la ira de Saúl después de que David fue ungido rey. Daniel era un fiel servidor público en Babilonia, pero un día la gente conspiró contra él y finalmente lo envió al foso de los leones. Nehemías tuvo que tratar regularmente con oponentes que trataron de obstaculizar su trabajo mientras reconstruía Jerusalén.

Y Jesús no tuvo un enemigo en el mundo hasta que predicó y sanó el sábado. Después de hacerlo, hubo un grupo de hombres dedicados a verlo morir. Después de Jesús, el apóstol Pablo era un judío devoto que luego predicó que Jesús era el Mesías. Después de eso, viejos amigos e incluso familiares se convirtieron en sus enemigos, algunos dedicados a su asesinato. Tus enemigos son en realidad una señal de que estás haciendo algo bien, no de que estás haciendo algo mal.

Entonces, ¿dónde está su mayor fuente de oposición externa? ¿Es de familiares, amigos o asociados? Identificar lo que haces que atrae la mayor oposición puede darte una pista significativa sobre tu propósito. Sin embargo, esa no es la lección principal de este capítulo

PAZ

Regresemos y examinemos lo que David escribió en el Salmo 23. Hizo la audaz afirmación de que incluso si caminaba por un valle siniestro, el valle de la sombra de la muerte, no temería ningún mal. ¡Eso es toda una declaración! Cuando he caminado a través de tiempos oscuros, he tenido muchos miedos. Me he preocupado, clamado a Dios y he hecho lo que he podido para encender la luz para que la oscuridad desapareciera. ¡Sin embargo, David dijo que seguiría caminando en esas situaciones y no disminuiría la velocidad o se desviaría del rumbo! Eso muestra la confianza que tenía en Su Dios.

Entonces David reconoció que Dios había puesto un magnífico banquete delante de él, pero mira dónde estaba: ¡en presencia y a la vista de los enemigos de David! Dios no venció a sus enemigos, hizo alarde de su favor para que David lo viera, incluidos aquellos que despreciarían la escena y lo que representaba. Mientras Dios estaba en ello, ungió a David, nuevamente en presencia de sus enemigos, y llenaría su copa en la mesa del banquete hasta rebosar.

El salmista (suena como David) escribió más tarde:

> Porque tú, oh Señor Jehová, eres mi esperanza, Seguridad mía desde mi juventud. En ti he sido sustentado desde el vientre; De las entrañas de mi madre tú fuiste el que me sacó; De ti será siempre mi alabanza. Como prodigio he sido a muchos, y tú mi refugio fuerte. Sea llena mi boca de tu alabanza, De tu gloria todo el día (Salmo 71:5-8).

¿Es tu confianza en Dios? ¿Tienes paz en medio de la agitación? ¿Puedes seguir caminando cuando estás rodeado de personas, incluidas algunas que no tienen tus mejores intereses en el corazón ni celebran tu prosperidad? ¿Es Dios tu guía y consuelo en los momentos más oscuros?

La vida abundante no está libre de tiempos difíciles, pero Dios quiere enseñarte que puedes ser constante en tiempos inconsistentes cuando aprendes a no enfocarte en los tiempos, sino en Él. ¡Eso debería animarte a seguir caminando, incluso si estás rodeado de tus enemigos y rivales!

PUNTO DE PODER
PARA VIVIR #24

PROSPERA EN MEDIO
DE TUS ENEMIGOS, CON
LA PLENA SEGURIDAD
DE QUE DIOS ESTA
CONTIGO, INCLUSO EN
LOS MOMENTOS
MAS OSCUROS.

ESTUDIO 78

COSMOVISIÓN

Todo el mundo tiene una visión del mundo, incluso tú. Puede que no seas consciente de ello o que ni siquiera sepas lo que es una cosmovisión, pero tienes una. En pocas palabras, es tu lente a través de la cual "ves tu mundo", definiendo quién lo hizo, qué lo hace funcionar, sus problemas y posibles soluciones. Tu visión del mundo es tu filosofía que determina cómo interpretas y respondes a los desafíos y oportunidades de la vida. La cosmovisión de David se puede resumir en los primeros versículos del Salmo 24:

> De Jehová es la tierra y su plenitud; El mundo, y los que en él habitan. Porque él la fundó sobre los mares, y la afirmó sobre los ríos. ¿Quién subirá al monte de Jehová? ¿Y quién estará en su lugar santo? El limpio de manos y puro de corazón; El que no ha elevado su alma a cosas vanas, Ni jurado con engaño. Él recibirá bendición de Jehová, y justicia del Dios de salvación. Tal es la generación de los que le buscan, De los que buscan tu rostro, oh Dios de Jacob. Selah (Salmo 24:1-6).

Echemos un vistazo más de cerca a estos versículos para que puedan ayudarlo a aclarar su propia visión del mundo, que juega un papel importante en vivir una vida abundante.

VISION GENERAL DE COSMOVISION

David comenzó haciendo una declaración de que la tierra es del Señor y todo lo que hay en ella porque la creó "en los mares y la estableció en las aguas". Eso significa que Él no solo lo creó, sino que también lo sostiene. Él es todopoderoso y omnisciente, por lo que nada escapa a Su atención o cuidado vigilante. Debido a que Dios lo creó todo, Él hace las "reglas" y espera que se sigan. Tal vez sea mejor decir que el mundo y sus habitantes funcionarán mejor si obedecen Sus mandamientos: mantener las manos limpias y un corazón puro, sin confiar ni jurar por dioses falsos.

Entonces David reconoció que Dios es la fuente de bendición y vindicación en Su papel como nuestro Salvador, porque la humanidad necesita ser salvada de su rebeldía y complacencia. La buena noticia es que Él es el "Dios de Jacob", y si conoces la historia de Jacob, sabes que él era un engañador y confabulador, pero Dios seguía siendo su Dios. Esa es una buena noticia para cada uno de nosotros que tiende a ser como Jacob, y como tal, el perdón y el poder transformador están disponibles en nuestra condición de necesitados. Considera lo simple que es todo eso. Una visión del mundo no necesita ser complicada o teológicamente sofisticada. Sin embargo, necesita ser exhaustivo y preciso, explicando la condición caída de la creación y su salida de su dilema moral.

TU COSMOVISION

Su visión del mundo determinará su comportamiento y guiará sus decisiones diariamente. Si la tierra es del Señor en tu cosmovisión, entonces tu negocio, familia, carrera, educación, cuerpo y ministerio están todos bajo el dominio de Dios. Él quiere tener voz *en todos* ellos, y ha establecido pautas claras en Su Palabra sobre cómo debes comportarte. Tu fe no debe estar en el gobierno, la filosofía, el materialismo, el capitalismo o cualquier otro "ismo" ideado por el hombre. Es estar en Él.

A estas alturas, probablemente estés pensando: "Sí, amén, gloria a Dios, gracias, Jesús", pero antes de ir demasiado lejos, déjame desafiarte a evaluar la existencia y relevancia de tu cosmovisión. **¿Dice tu cosmovisión que tus finanzas están bajo Su Señorío, pero luego no das nada a los pobres o a las causas misioneras? ¿Le das más energía al estudio de las noticias diarias que a la Palabra de Dios? ¿Le das lo mejor de lo que eres a tu trabajo, y luego te abstienes de servir a otros en otras situaciones porque no te pagan por hacerlo?** Podría seguir y seguir, pero entiendes el punto. Una cosa es hablar de una visión del mundo, pero otra cosa es vivirla.

Parte de mi cosmovisión es que Dios es el Dios con propósito, y Él les ha dado a todos una asignación para cumplir. Él promete darnos todo lo que necesitemos para fluir en ese propósito si lo pedimos en el nombre del Señor. Lo que es más, Él puede pagarnos a través de una organización, pero no necesita una para sostenernos. Él puede hacer que sirvamos en un lugar y nos paguemos a través de otro. Él puede hacer todo esto porque "la tierra es del Señor y todo lo que hay en ella".

Aparta algo de tiempo y piensa en lo que crees sobre el mundo, su condición y su futuro. **¿Estás viviendo lo que crees o es solo de labios hacia afuera? ¿Ves que Dios tiene el derecho, por la naturaleza de Su papel de Creador, de definir lo que le agrada a Él para cada individuo, tal como se expresa a través de tu propósito? ¿Sabes cuál es tu propósito? ¿Lo estás llevando a cabo de manera constante?**

Tal vez comenzaste a leer este capítulo sin darte cuenta de tu cosmovisión y su importancia, pero ahora sabes lo vital que es para la vida abundante. Así que ocúpate de vivir la vida de acuerdo con una perspectiva piadosa de quién eres y quién es Él y lo que Él espera de ti como Su seguidor.

PUNTO DE PODER PARA VIVIR #25

TENER Y VIVIR DE ACUERDO CON UNA COSMOVISION SIMPLE Y CLARA QUE EXPLIQUE QUIEN ES DIOS Y SU RELACION CON SU CREACION.

ESTUDIO 79

SR. SOLITARIO

Cada salmo que David escribió revela más de quién era, por lo que pasó y cómo interpretó a Dios en medio de sus circunstancias. Nuestro objetivo en este libro ha sido extraer lecciones de la vida de David y sus salmos para ayudarnos a vivir una vida abundante que Jesús dijo que vino a darnos. En este capítulo, pasamos al Salmo 25, donde leemos:

> Mírame, y ten misericordia de mí, *Porque estoy solo y afligido.* Las angustias de mi corazón se han aumentado; Sácame de mis congojas. Mira mi aflicción y mi trabajo, y perdona todos mis pecados. Mira mis enemigos, cómo se han multiplicado, y con odio violento me aborrecen (Salmo 25:16-19, énfasis añadido).

Una vez más, vemos que David estaba enfrentando pruebas y tribulaciones, como las que la mayoría de las personas nunca experimentarán, por lo que aprender cómo respondió sin duda nos ayudará a mantenernos firmes en nuestro propio día de angustia. Veamos qué podemos aprender de este estudio

SR. SOLITARIO

David disfrutó de una inmensa popularidad entre la gente cuando llegó por primera vez a la corte del rey y comenzó su carrera militar. Su éxito lo llevó al centro de atención en la medida en que la gente componía canciones sobre sus hazañas y parecía que no podía salirle algo mal. El rey ofreció a David la mano de su hija en matrimonio y su fama se extendió a las naciones circundantes.

Entonces, un día, cayó en desgracia con su suegro el rey. El rey escuchó a la gente cantar sus canciones y no le agradó:

> Cuando el ejército de Israel regresaba triunfante después que David mató al filisteo, mujeres de todas las ciudades de Israel salieron para recibir al rey Saúl. Cantaron y danzaron de alegría con panderetas y címbalos. Este era su canto: "Saúl mató a sus miles, ¡y David, a sus diez miles!". Esto hizo que Saúl se enojara mucho. "¿Qué es esto?—dijo—. Le dan crédito a David por diez miles y a mí solamente por miles. ¡Solo falta que lo hagan su rey!". Desde ese momento Saúl miró con recelo a David. (1 Samuel 18:6-9, NTV).

¿Qué tan grandes fueron los celos de Saúl? Tan malo que trató de matar a David en tres ocasiones distintas. También entregó a su esposa a otro hombre y luego usó el ejército que Saúl debería haber estado usando para luchar contra los filisteos para perseguir y destruir a su yerno. Yo diría que las cosas se pusieron bastante mal bastante rápido para David.

Sin embargo, al igual que José antes que él y Daniel después de él, David se mantuvo firme y fiel al Señor. Cuando finalmente se separó de Saúl, se corrió la voz:

> Yéndose luego David de allí, huyó a la cueva de Adulam; y cuando sus hermanos y toda la casa de su padre lo supieron, vinieron allí a él. Y se juntaron con

él todos los afligidos, y todo el que estaba endeudado, y todos los que se hallaban en amargura de espíritu, y fue hecho jefe de ellos; y tuvo consigo como cuatrocientos hombres (1 Samuel 22:1-2, NTV).

Pero más tarde, cuando sus familias fueron capturadas durante una operación militar, se nos dice: "Y David se angustió mucho, porque el pueblo hablaba de apedrearlo, pues todo el pueblo estaba en amargura de alma, cada uno por sus hijos y por sus hijas; mas David se fortaleció en Jehová su Dios" (1 Samuel 30:6, NTV). Yo diría que ese momento de su vida fue el más bajo, y se encontró dueño del título de señor solitario.

¿QUE HIZO?

¿Qué hizo David en ese punto más bajo de su vida? No se nos dicen los pasos específicos que tomó para salir. Tal vez escribió el Salmo 25 o alguna otra poesía que no tenemos hoy. Podría ser que tomó su arpa y se fue a adorar, orar y pensar. Tal vez salió a dar un largo paseo, cuidando su espalda todo el tiempo. No había nadie con quien reunirse y nadie para consolarlo, pero se nos dice que de alguna manera, "David encontró fortaleza en Jehová su Dios" (1 Samuel 30:6).

No sé exactamente cómo lo hizo, pero de alguna manera, de alguna forma, David fue a Dios y "encontró fuerza". En su soledad y mientras experimentaba el fracaso y la traición, tocó a Dios o tal vez es mejor decir que Dios lo tocó. Todo lo que David hacía, se fortalecía, regresaba a sus hombres, los guiaba para que pudieran recuperar a sus familias y continuaba su camino hacia el trono que Dios le había prometido.

¿Cómo reaccionas en tus momentos solitarios cuando nadie te entiende o por lo que estás pasando, y todos, incluyendo a Dios, parecen estar

acumulando prueba tras prueba en tu contra? ¿Qué haces para fortalecerte en el Señor? ¿En qué actividades puedes participar que siempre parecen animar tu corazón y renovar tu visión y energía?

Se ha dicho que es solitario en la cima. La clave cuando estás allí es recordar que no estás solo, y Dios ha prometido no protegerte de los momentos difíciles, sino estar contigo mientras los atraviesas.

PUNTO DE PODER PARA VIVIR #26

■———□———■

FAMILIARIZATE CON LO QUE HACES QUE TE LEVANTA EL ANIMO Y FORTALECE TU DETERMINACION DE SEGUIR ADELANTE EN CADA ESTACION, ALTA O BAJA, BUENA O MALA.

ESTUDIO 80

LA MIRADA

Cuando era niño, sabía cuándo mi madre estaba disgustada porque me daba "la mirada". No tenía que levantar la voz ni decir nada. Todo lo que tenía que hacer era notar "la mirada" y supe que tenía que dejar de hacer lo que estaba haciendo o empezar a hacer algo que no era correcto, o de lo contrario... "La mirada" me dijo todo lo que necesitaba saber. Siempre pienso en "la mirada" cuando leo estos versículos en el Salmo 27:

> Oye, oh Jehová, mi voz con que a ti clamo; Ten misericordia de mí, y respóndeme. Mi corazón ha dicho de ti: Buscad mi rostro. Tu rostro buscaré, oh Jehová; No escondas tu rostro de mí. No apartes con ira a tu siervo; Mi ayuda has sido. No me dejes ni me desampares, Dios de mi salvación (Salmo 27:7-9).

A medida que continuamos buscando *Puntos de Poder para Vivir* que nos ayuden a vivir y disfrutar de la vida abundante, veamos estos versículos más de cerca en este capítulo.

CARA A CARA

El corazón de David lo estaba dirigiendo a buscar el rostro de Dios. Eso significaba que vendría a Dios sin nada que ocultara quién era David o por lo que estaba pasando en ese momento. Él iba a venir como Dios lo había creado: un músico, un guerrero, un líder, un rey. Una carta a Dios podría haber sido escrita por otra persona, o el significado podría haber sido fácilmente distorsionado o malentendido por la falta de presencia física que podría ayudar a aclarar el significado de lo que fue escrito. Así que David vino en persona como era.

Una reunión cara a cara suele ser abierta y honesta. Hay un intercambio que asegura que ambas partes entiendan de dónde viene la otra. La comunicación cara a cara es preferible porque el lenguaje corporal y la postura, las inflexiones de voz, el tono e incluso la vestimenta son parte de lo que las personas pueden usar para transmitir su punto de vista y mensaje a los demás. Las reuniones cara a cara con Dios, sin embargo, no son como cualquier otra, como aprendemos de los encuentros de Moisés con el Señor:

> Y cuando acabó Moisés de hablar con ellos, puso un velo sobre su rostro. Cuando venía Moisés delante de Jehová para hablar con él, se quitaba el velo hasta que salía; y saliendo, decía a los hijos de Israel lo que le era mandado. Y al mirar los hijos de Israel el rostro de Moisés, veían que la piel de su rostro era resplandeciente; y volvía Moisés a poner el velo sobre su rostro, hasta que entraba a hablar con Dios (Éxodo 34:33-35).

Cuando se conocieron, hubo una transacción que ocurrió entre Moisés y Dios que fue más que palabras, ideas y sentimientos. Dios impartió quién era a Moisés y Moisés se volvió radiante como Dios, en la medida en que "ellos [los líderes] tenían miedo de acercarse a él" (Éxodo 34:30). Incluso el hermano de Moisés, Aarón, dudaba en acercarse a Moisés debido a su resplandor.

LEE LA MIRADA

Y ahora debemos seguir los pasos de David y Moisés como Pablo nos instruyó: "Por tanto, nosotros todos, mirando a cara descubierta como en un espejo la gloria del Señor, somos transformados de gloria en gloria en la misma imagen, como por el Espíritu del Señor."(2 Corintios 3:18). El objetivo no es satisfacer nuestra larga lista de necesidades cuando oramos, sino transformarnos a Su imagen. Debemos ser tan cercanos e íntimos que podamos "ver Su rostro" y leer Su mirada sin que Él diga una palabra, tal como lo hizo Pedro:

> Entonces, vuelto el Señor, miró a Pedro; y Pedro se acordó de la palabra del Señor, que le había dicho: Antes que el gallo cante, me negarás tres veces. Y Pedro, saliendo fuera, lloró amargamente (Lucas 22:61-62).

Buscar el rostro de Dios no es una frase religiosa o un ritual. Es una práctica consistente durante la cual buscas ser transformado a la imagen de Dios al captar Su más mínima sugerencia y deseo.

¿Está obrando el poder transformador de Dios en tu vida? ¿Eres una persona diferente, una mejor versión de ti mismo de lo que eras el año pasado en este momento? Cuando buscas a Dios, ¿lo buscas por lo que puedes obtener o por lo que puedes llegar a ser?

La madurez es ser sensible para leer y obedecer la mirada de Dios mientras lo buscas. Si tu corazón, como el de David, te está diciendo que lo busques, entonces te insto a que lo hagas con todas tus fuerzas, sabiendo que Su respuesta puede ser más sutil que abierta.

PUNTO DE PODER PARA VIVIR #27

VEN ANTE DIOS
TAL COMO ERES,
NO COMO CREES
QUE DEBERIAS SER.

ESTUDIO 81

UN PÚBLICO FUTURE

Jesús dijo: "El ladrón no viene sino para hurtar y matar y destruir; yo he venido para que tengan vida, y para que la tengan *en abundancia.*" (Juan 10:10, RVR, énfasis añadido). Vida abundante, ¿qué es exactamente? Otras traducciones intentan definirlo de esta manera:

- "El propósito del ladrón es robar y matar y destruir; mi propósito es darles una *vida plena y abundante*" (NTV).

- "Cuando el ladrón llega, se dedica a robar, matar y destruir. Yo he venido para que todos ustedes tengan vida, *y para que la vivan plenamente*" (TLA).

- "El ladrón no viene sino para hurtar, y matar, y destruir las ovejas; yo he venido para que tengan vida, y *para que la tengan en abundancia*" (JBS).

Nuestro objetivo en este libro, sin embargo, no ha sido definir la vida abundante, sino empoderarte para vivirla sin importar cómo la definas. Para mí, es hacer lo que amo a través de mi propósito todo el día, todos los días, mientras escribo, transmito, viajo y hablo. Tu definición variará porque no eres yo, y no deberías intentar serlo. Solo debes tratar de aprender de mí para que puedas ser lo mejor que puedas ser. Es por eso que hemos estado estudiando a David, porque por casi cualquier definición, la mayoría estaría de acuerdo en que él realmente vivió una vida abundante.

¿Cómo definiríamos la vida abundante de la que disfrutó David? Hay dos versículos que lo resumen bastante bien:

> "Hermanos, descendientes de Abraham, y ustedes, los no judíos temerosos de Dios: a nosotros se nos ha enviado este mensaje de salvación" (Hechos 13:26).

> Y murió muy anciano y entrado en años, en medio de grandes honores y riquezas, y su hijo Salomón lo sucedió en el trono (1 Crónicas 29:28).

La NTV traduce ese último versículo: "Murió en buena vejez, habiendo disfrutado de una larga vida, riquezas y honor. Después su hijo Salomón gobernó en su lugar". No sé ustedes, pero yo quiero morir "lleno de días", lo que significa que aproveché al máximo los días que tenía para hacer el bien y cumplir mi propósito.

EL TEMPLO

Dediquemos el resto de este capítulo a analizar algunos versículos del Salmo 30 en los que David estaba haciendo lo que a menudo hacía en los salmos: derramar su corazón al Señor porque había estado en un lugar difícil:

> Te glorificaré, oh Jehová, porque me has exaltado, y no permitiste que mis enemigos se alegraran de mí. Jehová Dios mío, A ti clamé, y me sanaste. Oh Jehová, hiciste subir mi alma del Seol; Me diste vida, para que no descendiese a la sepultura. Cantad a Jehová, vosotros sus santos, y celebrad la memoria de su

santidad. Porque un momento será su ira, Pero su favor dura toda la vida. Por la noche durará el lloro, y a la mañana vendrá la alegría (Salmo 30:1-5).

Si bien estos versículos no son únicos o especiales entre los salmos, el título del Salmo 30 es bastante notable. No estoy seguro de si los encabezados de los salmos están inspirados como lo son las palabras, pero el título de este salmo es digno de mención: "Un salmo. Una canción. Por la dedicación del templo. De David". ¿Qué tiene de especial este encabezado? Es evidente que el Templo aún no se había construido, sin embargo, David estaba acumulando recursos para su construcción (véase 1 Crónicas 29) y estaba componiendo canciones para ser cantadas en la dedicación del Templo.

David vio el futuro, y luego planeó su presente en lo que había visto, no en las dificultades que estaba soportando. Escribió para una audiencia futura que se reuniría en un edificio que aún no se había construido, que la mayoría de la gente ni siquiera se dio cuenta de que era parte del futuro de la nación. Es importante que lo hagas también si quieres vivir una vida abundante.

ESCRIBIENDO PARA EL FUTURO

Mencioné anteriormente que mis días están llenos de una abundancia de actividad creativa. Escribo o edito todo el día casi todos los días. Me encanta. Sin embargo, si tuviera que vivir de las ganancias de mis escritos, ¡me moriría de hambre! Gano dinero editando, hablando y consultando, y cuando ese dinero no entra, Dios provee a través de las generosas donaciones de personas como usted. Tal vez te puedes preguntar: entonces, ¿por qué escribes? Escribo porque, como David, he visto el futuro y me estoy preparando para ello ahora.

Por ejemplo, he escrito seis devocionales

diarios. Durante 2.200 días consecutivos durante seis años. Me presenté para escribir y todos los días, y "vi" algo sobre lo que escribir para conectar a los lectores con la Palabra de Dios. Lo que es más, durante nueve años escribí un comentario sobre todo el Nuevo Testamento, los 8.000 versículos, escribiendo unos cuatro versículos por día. Luego pasé tres años preparando ese comentario para su publicación, y ahora tengo un conjunto de 12 volúmenes llamado Vive la Palabra *(Live the Word)*. La ironía de esos dos proyectos que me llevaron 15 años de mi vida es que no se venden bien y probablemente nunca lo harán, hasta que me haya ido.

Piénsalo: tus comentarios o devocionales favoritos probablemente fueron escritos por personas que ya están aquí, habiendo pasado a su recompensa eterna. Así que estoy contento con el hecho de que he elegido (¿o Dios me dirigió?) escribir grandes porciones de trabajo que nadie comprará o prestará atención, todavía. Por lo tanto, estoy escribiendo para una audiencia futura, contento de regalar mis palabras y publicaciones diarias con la esperanza de que puedan ayudar a alguien, a cualquiera, que esté prestando atención o a quien Dios notifique que existen.

Por favor, no malinterpreten. No me quejo de la falta de tracción o notoriedad que ha ganado parte de mi trabajo. Estoy dispuesto a aceptar que no son dignos de una audiencia más grande de la que tienen ahora. Hay otras cosas que hago que dan satisfacción más inmediata, pero parte del flujo de la vida abundante que Dios ha provisto no es para hoy, sino para mañana.

Acepto que después de que me haya ido, mis devocionales y comentarios aún pueden permanecer ocultos, pero eso depende de Dios. Lo que depende de mí (y de ti) es seguir nuestra alegría que riega una vida abundante y satisfactoria, permitiéndonos servir a Dios con fe hoy mientras esperamos un mañana fructífero.

PUNTO DE PODER PARA VIVIR #28

INVIERTE PARTE DE TU VIDA ABUNDANTE EN COSAS QUE TENDRAN SU MAYOR IMPACTO EN LAS GENERACIONES FUTURAS.

ESTUDIO 81

UNA VERDADERA CONSPIRACIÓN

Está de moda en estos días que la gente intente encontrar pruebas de una conspiración en casi cualquier ámbito de la vida. Cuando lo hacen, a menudo me hace pensar en lo que el Señor le dijo a Isaías:

"No llaméis conspiración a todas las cosas que este pueblo llama conspiración; ni temáis lo que ellos temen, ni tengáis miedo. A Jehová de los ejércitos, a él santificad; sea él vuestro temor, y él sea vuestro miedo" (Isaías 8:12-13).

Sin embargo, eso no es ignorar la realidad de las conspiraciones que los malvados desarrollan contra Dios y Su pueblo de propósito:

Qué grande es la bondad que has reservado para los que te temen. La derramas en abundancia sobre los que acuden a ti en busca de protección, y los bendices ante la mirada del mundo. Los escondes en el refugio de tu presencia, *a salvo de los que conspiran contra ellos.* Los proteges en tu presencia, los alejas de las lenguas acusadoras (Salmo 31:19-20, NTV, énfasis añadido).

Al concluir esta serie sobre cómo vivir la vida abundante, veamos lo que significa temer al Señor y refugiarse en Él.

EL DIABLO

Hay una red de maldad espiritual cuyo comandante es una entidad llamada Satanás o el diablo. No es omnipresente ni omnisciente, pero tiene muchos secuaces que cumplen sus órdenes y es un ser espiritual aunque caído. Cuando la gente dice: "El diablo me esta atacando", eso probablemente no sea cierto. Es un maestro estratega, por lo que elige sus objetivos para oponerse personalmente a aquellos que representan la mayor amenaza para su reino. Por lo tanto, tienes que ganar la oposición personal de él; por lo general, uno de sus lugartenientes es suficiente para manejar el trabajo.

David era un blanco tan digno para el maestro del mal como leemos en 1 Crónicas 21:1: "Pero Satanás se levantó contra Israel, e incitó a David a que hiciese censo de Israel". No examinaremos ese incidente en detalle, solo basta con decir que Satanás causó mucho daño en esa historia y muchas personas perdieron la vida. Él es un oponente formidable que es más inteligente, más espiritual y más despiadado que cualquier otra fuerza en el universo (excepto Dios, por supuesto, y Él no es despiadado).

Jesús nos advirtió que tuviéramos un temor saludable por Dios, no por el diablo: "No teman a los que quieren matarles el cuerpo; no pueden tocar el alma. Teman solo a Dios, quien puede destruir tanto el alma como el cuerpo en el infierno" (Mateo 10:28, NTV). Nuestro trabajo es difundir las buenas noticias, no las noticias falsas. La advertencia de Jesús vino en el contexto de Él enviando a Sus doce discípulos para ministrar de acuerdo con su propósito para el cual Él los había designado. Descubrieron a medida que avanzaban lo que significaba que Dios es su refugio y que debemos seguir sus pasos.

IMPLICACIONES

Cuando Jesús nos advirtió que temiéramos a Dios y no al diablo, estaba hablando de cuando salimos en asignación de Él. Debemos esperar oposición del reino de las tinieblas cuando lo hagamos, pero Él también dijo: es he dicho todo lo anterior para que en mí tengan paz. Aquí en el mundo tendrán muchas pruebas y tristezas; pero anímense, porque yo he vencido al mundo" (Juan 16:33). Juan amplió este pensamiento más adelante en su carta: "Pero ustedes, mis queridos hijos, pertenecen a Dios. Ya lograron la victoria sobre esas personas, porque el Espíritu que vive en ustedes es más poderoso que el espíritu que vive en el mundo" (1 Juan 4:4).

Así que vamos a resumir. Hay conspiraciones viables contra los justos, pero mucho de lo que hoy se denomina conspiraciones cae bajo la categoría de "Te repito: no te metas en discusiones necias y sin sentido que solo inician pleitos" (2 Timoteo 2:23). Pablo dijo que debes negarte a participar en tales cosas. Sin embargo, puedes esperar oposición, no cuando estás sentado en la iglesia, sino cuando sales de la iglesia para llevar a cabo tu propósito. Es entonces cuando Dios promete que te protegerá, protegerá e incluso te esconderá de aquellos que buscan obstaculizarte o arruinarte.

¿Te has hecho lo suficientemente importante como para ser una amenaza para el reino de las tinieblas? ¿Tienes el temor apropiado de Dios que te motiva a aprovechar al máximo las oportunidades que Él te ha dado para ir a donde Él te envíe? Cuando te encuentras con oposición, ¿lo ves como la conspiración que es tratar de desviarte de dar fruto para el reino de Dios? Si quieres asegurar la protección de Dios, no la encontrarás jugando a lo seguro, sino tomando medidas audaces que bendigan a otros y glorifiquen a Dios.

PUNTO DE PODER PARA VIVIR #29

TEN UN TEMOR
SALUDABLE DE DIOS
QUE TE OBLIGUE
A SER TODO
LO QUE PUEDAS SER.

ESTUDIO 82

PROTEGIENDO TU VIDA ABUNDANTE

Hemos visto que hay otras lecciones que aprender acerca de David en sus salmos, pero esta entrada concluirá nuestro estudio para este libro. Nuestro objetivo ha sido identificar elementos en la vida de David que podamos aplicar en nuestra propia búsqueda de la voluntad de Dios. De alguna manera, el Salmo 37 es el lugar perfecto para terminar, ya que nos da una serie de puntos a considerar que son consistentes con el tema de este libro. Veamos algunos de ellos a medida que terminamos.

LA FILOSOFIA DE VIDA DE DAVID

En el Salmo 37, David resumió muchos de los temas de esta vida que se encuentran a lo largo de los salmos (todas las citas son de la NTV):

1. "No te preocupes por los impíos, ni envidies a los que hacen mal" (37:1).

2. "Pues como la hierba, pronto se desvanecen; como las flores de primavera, pronto se marchitan" (37:3).

3. "Deléitate en el Señor, y él te dará los deseos de tu corazón" (37:4).

4. "Entrega al Señor todo lo que haces;

confía en él, y él te ayudará" (37:5).

5. "¡Ya no sigas enojado! ¡Deja a un lado tu ira! No pierdas los estribos, que eso únicamente causa daño" (37:8).

6. "Los perversos piden prestado y nunca pagan, pero los justos dan con generosidad" (37:21).

7. "El Señor dirige los pasos de los justos; se deleita en cada detalle de su vida" (37:23).

8. "Aléjate del mal y haz el bien, y vivirás en la tierra para siempre" (37:27).

9. "Los justos ofrecen buenos consejos; enseñan a diferenciar entre lo bueno y lo malo" (37:30).

10. "El Señor rescata a los justos; él es su fortaleza en tiempos de dificultad. El Señor los ayuda; los rescata de los malvados. Él salva a los justos, y ellos encuentran refugio en él" (37:39-40).

UNA COSA

Al cerrar esta serie, lo único que me llama la atención es que habrá oposición cuando intentes vivir la vida abundante para ti, sea lo que sea. Variará de acuerdo con tu propósito, dones y valores, pero el hilo común son los enemigos que tendrás que enfrentar para encontrar y mantener esa vida. Pablo nos dio su propia lista de cosas, esta vez hecha de cosas que vienen contra nosotros que no pueden separarnos de la vida abundante que Jesús nos da.

Lo único que no está en su lista es su propia decisión de entregar esa vida ignorando o violando la filosofía de vida de David descrita anteriormente. Esto es lo que Pablo tenía que decir:

Pues Dios conoció a los suyos de antemano y los eligió para que llegaran a ser como su Hijo, a fin de que su Hijo fuera el hijo mayor entre muchos hermanos. Después de haberlos elegido, Dios los llamó para que se acercaran a él; y una vez que los llamó, los puso en la relación correcta con él; y luego de ponerlos en la relación correcta con él, les dio su gloria.

¿Qué podemos decir acerca de cosas tan maravillosas como estas? Si Dios está a favor de nosotros, ¿quién podrá ponerse en nuestra contra? Si Dios no se guardó ni a su propio Hijo, sino que lo entregó por todos nosotros, ¿no nos dará también todo lo demás? ¿Quién se atreve a acusarnos a nosotros, a quienes Dios ha elegido para sí? Nadie, porque Dios mismo nos puso en la relación correcta con él. Entonces, ¿quién nos condenará? Nadie, porque Cristo Jesús murió por nosotros y resucitó por nosotros, y está sentado en el lugar de honor, a la derecha de Dios, e intercede por nosotros.

¿Acaso hay algo que pueda separarnos del amor de Cristo? ¿Será que él ya no nos ama si tenemos problemas o aflicciones, si somos perseguidos o pasamos hambre o estamos en la miseria o en peligro o bajo amenaza de muerte? (Como dicen las Escrituras: "Por tu causa nos matan cada día; nos tratan como a ovejas en el matadero"). Claro que no, a pesar de todas estas cosas, nuestra victoria es absoluta por medio de Cristo, quien nos amó.

Y estoy convencido de que nada podrá jamás separarnos del amor de Dios. Ni la muerte ni la vida, ni ángeles ni demonios,[c] ni nuestros temores de hoy ni nuestras preocupaciones de mañana. Ni siquiera los poderes del infierno pueden separarnos del amor de Dios. Ningún poder en las alturas ni en las profundidades, de hecho, nada en toda la creación podrá jamás separarnos del amor de Dios, que está revelado en Cristo Jesús nuestro Señor (Romanos 8:29-39, NTV).

Después de su lista exhaustiva, Pablo concluyó que "nada en toda la creación podrá separarnos del amor de Dios que se revela en Cristo Jesús Señor nuestro".

¿Es eso cierto en tu vida? ¿No hay nada que te separe, o hay algunas o muchas cosas que te alejan de tu vida abundante? ¿La ansiedad, el miedo o la duda te están robando la vida? ¿Eres una víctima indefensa de estos enemigos o tienes voz y voto sobre si pueden o no permanecer presentes en tu vida? ¿Sabes lo que es la vida abundante para ti? ¿Estás dispuesto a pagar el precio para prosperar en él?

PUNTO DE PODER PARA VIVIR #30

VIVE DE ACUERDO CON LOS ESTANDARES QUE SE DESCRIBEN EN EL SALMO 37.

RESUMEN DE PUNTOS DE PODER PARA LA VIDA

Mi objetivo al escribir este libro fue ayudarte a eliminar cualquier cosa que obstaculice tu disfrute de la vida abundante por la que Jesús murió para darte. Espero que tengas una comprensión más clara de lo que debes hacer para entrar y preservar esa vida. A modo de recordatorio, aquí hay una lista completa de todos los *Puntos de Poder para Vivir* que concluyeron cada capítulo de este libro.

Cubrimos mucho terreno en los 30 capítulos anteriores, pero confío en que revisarás esta lista que te servirá para recordarte que vale la pena pagar el precio de poseer la vida abundante.

ESTUDIO 54
COMPARTE QUIEN ERES Y LO QUE ESTAS APRENDIENDO, AL MISMO TIEMPO QUE TRABAJAS DILIGENTEMENTE PARA APLICAR LO QUE APRENDES A TU PROPIA VIDA.

ESTUDIO 55
SE QUIEN DIOS TE HIZO SER, USANDO TODOS TUS DONES Y HABILIDADES DE RAZONAMIENTO

PARA APRENDER MAS SOBRE ÉL Y
TAMBIEN SOBRE TI MISMO.

ESTUDIO 56

PLANIFICA Y LUEGO ACTUA ANTES
DE TENER TODOS LOS RECURSOS
QUE NECESITAS, CONFIANDO EN
QUE ESTARAN ALLI CUANDO LOS
NECESITES.

ESTUDIO 57

TIENES EL MANDATO DE COMPARTIR
QUIEN ERES Y LO QUE DIOS TE
ESTA ENSEÑANDO CON OTROS EN
CASA Y EN EL EXTRANJERO.

ESTUDIO 58

ACEPTA POR FE QUE DIOS ESTA
HABLANDO A TRAVES DE TI Y
USANDOTE.

ESTUDIO 59

CULTIVA UNA VIDA DE ORACION
VIBRANTE EN LA QUE NO SOLO
HABLES CON DIOS, SINO QUE ÉL
TAMBIEN TE HABLE A TI.

ESTUDIO 60

DALE A LAS PERSONAS UNA
EXPERIENCIA INOLVIDABLE CUANDO
TE ENCUENTREN CAMINANDO EN EL
PROPOSITO DE TU VIDA.

ESTUDIO 61
ENCUENTRA PERSONAS QUE TE
AFIRMEN Y TE DEN SU OPINION
PARA QUE PUEDAS MEJORAR Y
CRECER.

ESTUDIO 62
DEBES HACER Y SER HOY LO QUE
QUIERES QUE LA GENTE RECUERDE
DE TI MAÑANA.

ESTUDIO 63
SE FRUCTIFERO Y GOBIERNA
EN MEDIO DE TUS INEVITABLES
ENEMIGOS Y OTRAS DISTRACCIONES.

ESTUDIO 64
CONSULTA CON DIOS ANTES DE IRTE
A DORMIR Y CUANDO TE DESPIERTES
A TRAVES DE LA ORACION, LA
ESCUCHA, LA CONFESION, LA
ALABANZA, LAS PREGUNTAS Y LA
ACCION DE GRACIAS.

ESTUDIO 65
SE HONESTO CON DIOS Y ÉL SERA
HONESTO Y DIRECTO CONTIGO.

ESTUDIO 66
SE VICTORIOSO SOBRE
TUS ENEMIGOS INTERNOS
CONVIRTIENDO TUS PENSAMIENTOS

NEGATIVOS EN PENSAMIENTOS
VIVIFICANTES POR EL PODER
DEL ESPIRITU.

ESTUDIO 67

TU DEBER NO ES SOLO ORAR,
SINO OBTENER RESPUESTAS A LAS
ORACIONES PARA QUE PUEDAS DAR
FRUTO Y CUMPLIR TU PROPOSITO.

ESTUDIO 68

RESISTE LA TENTACION DE
ESCONDERTE O HUIR DEL TAMAÑO
DE TU ASIGNACION DE PROPOSITO.

ESTUDIO 69

USA TU TRONO DE PROPOSITO
COMO UN MEDIO PARA SERVIR A
LOS DEMAS.

ESTUDIO 70

LUCHA Y SUPERA TUS
PENSAMIENTOS QUE TE LIMITAN
O TE PROHIBEN VIVIR UNA VIDA
ABUNDANTE.

ESTUDIO 71

EXAMINATE PARA ASEGURARTE DE
QUE ESTAS VIVIENDO DE ACUERDO
CON LOS VALORES, ACTITUDES
Y COMPORTAMIENTOS QUE TE
LLEVARON A DONDE ESTAS HOY.

ESTUDIO 72

DIOS QUIERE QUE CONOZCAS SU VOLUNTAD PARA QUE PUEDAS CUMPLIRLA, Y ESO SIGNIFICA QUE PUEDES BUSCAR Y CONTAR CON SU GUIA, INCLUSO MIENTRAS DUERMES.

ESTUDIO 73

MANTEN TU ENFOQUE EN DAR FRUTO MIENTRAS CONFIAS EN ÉL PARA PROTEGER TU NOMBRE, O PARA ESTABLECERLO EN LUGARES Y NACIONES QUE ÉL ELIJA, NO LOS TUYOS.

ESTUDIO 74

ESFUERZATE POR PRESERVAR LA MEMORIA DE LA FIDELIDAD DE DIOS HACIA TI EN TIEMPOS BUENOS O DIFICILES.

ESTUDIO 75

TOMA EL NOMBRE DEL SEÑOR Y APLICALO DE UNA MANERA PODEROSA Y SIGNIFICATIVA.

ESTUDIO 76

SIGUE TU CORAZON, PORQUE DIOS ESTA GUIANDO TUS DESEOS Y SUPERVISANDO SU EXPRESION.

ESTUDIO 77
PROSPERA EN MEDIO DE TUS ENEMIGOS, CON LA PLENA SEGURIDAD DE QUE DIOS ESTA CONTIGO INCLUSO EN LOS MOMENTOS MAS OSCUROS.

ESTUDIO 78
TENER Y VIVIR DE ACUERDO CON UNA VISION DEL MUNDO SIMPLE Y CLARA QUE EXPLIQUE QUIEN ES DIOS Y SU RELACION CON SU CREACION.

ESTUDIO 79
FAMILIARIZATE CON LO QUE HACES QUE TE LEVANTA EL ANIMO Y FORTALECE TU DETERMINACION DE SEGUIR ADELANTE EN CADA ESTACION, ALTA O BAJA, BUENA O MALA.

ESTUDIO 80
VEN ANTE DIOS TAL COMO ERES, NO COMO CREES QUE DEBERIAS SER.

ESTUDIO 81
INVIERTE PARTE DE TU ABUNDANTE VIDA EN COSAS QUE TENDRAN UN IMPACTO SIGNIFICATIVO EN LAS GENERACIONES FUTURAS.

ESTUDIO 82
TEN UN TEMOR SALUDABLE DE DIOS QUE TE OBLIGUE A SER TODO LO QUE PUEDAS SER.

ESTUDIO 83
VIVE DE ACUERDO CON LAS NORMAS QUE SE DESCRIBEN EN EL SALMO 37.

APÉNDICE DE VIDA ABUNDANTE

Hay muchos versículos que hablan de la vida abundante a la que Jesús se refería. Pensé que sería útil incluir las referencias a la "vida" que se encuentran en dos libros: Deuteronomio y el evangelio de Juan. Tómese un tiempo y léalos y vaya a la referencia para leer los versículos en su contexto. Recuerde, el objetivo no es estudiar o definir la vida abundante, ¡sino encontrarla y vivir en ella!

*****

"Tú, tus hijos y tus nietos teman al Señor su Dios durante toda la vida. Si obedeces todos los decretos y los mandatos del Señor, disfrutarás de una larga *vida*" (Deuteronomio 6:2).

"No son palabras vacías; ¡son tu *vida!* Si las obedeces, disfrutarás de muchos años en la tierra que poseerás al cruzar el río Jordán" (Deuteronomio 32:47).

"Mirad, hoy pongo delante de vosotros *vida* y prosperidad, muerte y destrucción" (Deuteronomio 30:15).

"Hoy te he dado a elegir entre la *vida* y la muerte, entre bendiciones y maldiciones. Ahora pongo al cielo y a la tierra como testigos de la decisión que tomes. ¡Ay, si eligieras la vida, para que tú y tus descendientes puedan vivir"! (Deuteronomio 30:19).

"Puedes elegir esa opción al amar, al obedecer y al comprometerte firmemente con el Señor tu Dios.

Esa es la clave para tu *vida*. Y si amas y obedeces al Señor, vivirás por muchos años en la tierra que el Señor juró dar a tus antepasados Abraham, Isaac y Jacob" (Deuteronomio 30:20).

En él estaba la *vida* y la vida era la luz de la humanidad (Juan 1:4).

"Pues, así como el Padre da vida a los que resucita de los muertos, también el Hijo da *vida* a quien él quiere" (Juan 5:21).

"Sin embargo, vosotros rehúsas venir a mí para tener *vida*" (Juan 5:40).

"Yo soy el pan de *vida*" (Juan 6:48).

Solo el Espíritu da *vida* eterna; los esfuerzos humanos no logran nada. Las palabras que yo les he hablado son espíritu y son *vida*" (Juan 6:63).

Jesús le respondió: "Yo soy el camino, la verdad y la *vida*. Nadie viene al Padre sino por mí" (Juan 14:6).

Pero estas se escribieron para que ustedes continúen creyendo que Jesús es el Mesías, el Hijo de Dios, y para que, al creer en él, tengan *vida* por el poder de su nombre (Juan 20:31).

MANTENTE EN CONTACTO CON JOHN W. STANKO

www.purposequest.com
www.johnstanko.us
www.stankobiblestudy.com
www.stankomondaymemo.com
o vía email at johnstanko@gmail.com

John también realiza un extenso trabajo
de ayuda y desarrollo comunitario en Kenia.
Puedes ver algunos de sus proyectos en
www.purposequest.com/contributions

Purpose Quest International PO Box 8882
Pittsburgh, PA 15221-0882

TÍTULOS ADICIONALES DE JOHN W. STANKO

<u>Ediciones en Español</u>

Cambiando la Manera de Hacer Iglesia

La Vida Es Una Mina De Oro: Te Atreves A Cavarla?

No Leas Estes Libro: (A Menos Que Quieras Convertirte E Un Mejor Líder)

Fuero lo Viejo, Adentro lo Nuevo

Gemas de Propósito

Ven a Adorarlo: Preparándonos para Emmanuel

Ediciones en Inglés

A Daily Dose of Proverbs
A Daily Taste of Proverbs
Changing the Way We Do Church
I Wrote This Book on Purpose
Life Is A Gold Mine: Can You Dig It?
Strictly Business
The Faith Files, Volume 1
The Faith Files, Volume 2
The Faith Files, Volume 3
The Leadership Walk
The Price of Leadership
Unlocking the Power of Your Creativity
Unlocking the Power of Your Productivity
Unlocking the Power of Your Purpose
Unlocking the Power of You
What Would Jesus Ask You Today?
Your Life Matters

Live the Word Commentary: Matthew
Live the Word Commentary: Mark
Live the Word Commentary: Luke
Live the Word Commentary: John
Live the Word Commentary: Acts
Live the Word Commentary: Romans
Live the Word Commentary: 1 & 2 Corinthians
Live the Word Commentary: Galatians, Ephesians,
Philippians, Colossians, Philemon
Live the Word Commentary: 1 & 2 Thessalonians,
1 & 2 Timothy, and Titus
Live the Word Commentary: Hebrews
Live the Word Commentary: Revelation